Ispaniška Aromų Kelionė

Autentiški Skoniai ir Išskirtinės Receptų Renginys

Javier García

SANTRAUKA

ŠOKOLADINĖ KRIAUŠĖ SU PIPRAIS 25

    TURINYS 25

    APDOROJIMAS 25

    APVALAS 25

TRIJŲ ŠOKOLADINIŲ SAUSAINIŲ TORTAS 26

    TURINYS 26

    APDOROJIMAS 26

    APVALAS 27

Šveicariškas meringue 28

    TURINYS 28

    APDOROJIMAS 28

    APVALAS 28

BANANŲ KREPIS SU LAZDYNO RIEŠUTŲ KREMINE 29

    TURINYS 29

    APDOROJIMAS 29

    APVALAS 30

CITRINIŲ TORTAS ŠOKOLADINIO PAGRINDO 31

    TURINYS 31

    APDOROJIMAS 31

    APVALAS 32

TIRAMISU 33

    TURINYS 33

    APDOROJIMAS 33

    APVALAS 34

INTXAURSALSA (RIEŠUTŲ KREMAS) 35
    TURINYS 35
    APDOROJIMAS 35
    APVALAS 35

PIENAS Piktas 36
    TURINYS 36
    APDOROJIMAS 36
    APVALAS 36

KATĖS LIEŽUVAS 37
    TURINYS 37
    APDOROJIMAS 37
    APVALAS 37

Apelsinų biskvitas 38
    TURINYS 38
    APDOROJIMAS 38
    APVALAS 38

KEPTI OBUOLIAI SU PORTU 39
    TURINYS 39
    APDOROJIMAS 39
    APVALAS 39

VIRTI MERSINGAI 40
    TURINYS 40
    APDOROJIMAS 40
    APVALAS 40

KREMAS 41
    TURINYS 41

APDOROJIMAS 41

APVALAS 41

PANNA COTTA CANDY SU PURPURA 41

    TURINYS 42

    APDOROJIMAS 42

    APVALAS 42

citrusiniai sausainiai 43

    TURINYS 43

    APDOROJIMAS 43

    APVALAS 44

MANGO STRUKTŪRA 45

    TURINYS 45

    APDOROJIMAS 45

    APVALAS 45

JOGURTINIS TORTAS 46

    TURINYS 46

    APDOROJIMAS 46

    APVALAS 46

Rozmarinų bananų kompotas 47

    TURINYS 47

    APDOROJIMAS 47

    APVALAS 47

BRULE KREMAS 48

    TURINYS 48

    APDOROJIMAS 48

    APVALAS 48

Čigonų ginklai, pilni kremo 49
    TURINYS 49
    APDOROJIMAS 49
    APVALAS 49

kiaušinių pyragas 50
    TURINYS 50
    APDOROJIMAS 50
    APVALAS 50

BRAKŠČIŲ JAVA želė 51
    TURINYS 51
    APDOROJIMAS 51
    APVALAS 51

bandelė 52
    TURINYS 52
    APDOROJIMAS 52
    APVALAS 52

ŠVENTŲJŲ JONŲ LIGONINĖ 53
    TURINYS 53
    APDOROJIMAS 53

BOLONIJAS PADAŽAS 54
    TURINYS 54
    APDOROJIMAS 54
    APVALAS 55

BRODO BIANCO (POLLO O VITELLO) 56
    INGREDIENTAI 56
    ELABORAZIONE 56

- IL GIRO ... 56
- POMODORI ... 58
  - INGREDIENTAI ... 58
  - ELABORAZIONE ... 58
  - APVALAS ... 58
- ROBERTO SOS ... 59
  - TURINYS ... 59
  - APDOROJIMAS ... 59
  - APVALAS ... 59
- ROŽINIS PADAŽAS ... 60
  - TURINYS ... 60
  - APDOROJIMAS ... 60
  - APVALAS ... 60
- ŽUVIES MAIŠAS ... 61
  - TURINYS ... 61
  - APDOROJIMAS ... 61
  - APVALAS ... 61
- VOKIETIŠKAS PADAŽAS ... 62
  - TURINYS ... 62
  - APDOROJIMAS ... 62
  - APVALAS ... 62
- BRAVE PADAŽAS ... 63
  - TURINYS ... 63
  - APDOROJIMAS ... 63
  - APVALAS ... 64
- JUODAS PULJIENAS (VIŠTA ARBA JAUTIENA) ... 65

 TURINYS 65

 APDOROJIMAS 65

 APVALAS 66

PICON MOJO 67

 TURINYS 67

 APDOROJIMAS 67

 APVALAS 67

PESTO PADAŽAS 68

 TURINYS 68

 APDOROJIMAS 68

 APVALAS 68

SALDRŪGŠTIS PADAŽAS 69

 TURINYS 69

 APDOROJIMAS 69

 APVALAS 69

ŽALIOS MOJITOS 70

 TURINYS 70

 APDOROJIMAS 70

 APVALAS 70

BECHAMELLA PADAŽAS 71

 TURINYS 71

 APDOROJIMAS 71

 APVALAS 71

padažų medžiotojas 72

 TURINYS 72

 APDOROJIMAS 72

    APVALAS 72
AIOLI PADAŽAS 73
    TURINYS 73
    APDOROJIMAS 73
    APVALAS 73
AMERIKIETIŠKAS PADAŽAS 74
    TURINYS 74
    APDOROJIMAS 74
    APVALAS 75
SUN BIRTH PADAŽAS 76
    TURINYS 76
    APDOROJIMAS 76
    APVALAS 76
BBQ padažas 77
    TURINYS 77
    APDOROJIMAS 77
    APVALAS 78
pupelių padažas 79
    TURINYS 79
    APDOROJIMAS 79
    APVALAS 79
CARBONARA PADAŽAS 80
    TURINYS 80
    APDOROJIMAS 80
    APVALAS 80
delikateso padažas 81

 TURINYS 81

 APDOROJIMAS 81

 APVALAS 81

CUMBERLAND PADAŽAS 82

 TURINYS 82

 APDOROJIMAS 82

 APVALAS 83

kario padažas 84

 TURINYS 84

 APDOROJIMAS 84

 APVALAS 85

ČESNAKINIS PADAŽAS 86

 TURINYS 86

 APDOROJIMAS 86

 APVALAS 86

TIK PADAŽAS 87

 TURINYS 87

 APDOROJIMAS 87

 APVALAS 87

OBUOLIŲ SULTYS 88

 TURINYS 88

 APDOROJIMAS 88

 APVALAS 88

POMIDORŲ PADAŽAS 89

 TURINYS 89

 APDOROJIMAS 89

- APVALAS 90
- PEDRO XIMENEZ VYNO PADAŽAS 91
  - TURINYS 91
  - APDOROJIMAS 91
  - APVALAS 91
- GRIETINĖS PADAŽAS 92
  - TURINYS 92
  - APDOROJIMAS 92
  - APVALAS 92
- majonezas majonezas 93
  - TURINYS 93
  - APDOROJIMAS 93
  - APVALAS 93
- JOGURTŲ IR KRAPŲ PADAŽAS 94
  - TURINYS 94
  - APDOROJIMAS 94
  - APVALAS 94
- VELNIŲ PADAŽAS 95
  - TURINYS 95
  - APDOROJIMAS 95
  - APVALAS 95
- ISPANIŠKAS PADAŽAS 96
  - TURINYS 96
  - APDOROJIMAS 96
  - APVALAS 96
- Olandiškas padažas 97

TURINYS 97

APDOROJIMAS 97

APVALAS 97

ITALIŠKAS PADAŽAS 98

TURINYS 98

APDOROJIMAS 98

APVALAS 99

MIDIJŲ PADAŽAS 100

TURINYS 100

APDOROJIMAS 100

APVALAS 100

REMOULADE PADAŽAS 101

TURINYS 101

APDOROJIMAS 101

APVALAS 101

BIZCAINA PADAŽAS 102

TURINYS 102

APDOROJIMAS 102

APVALAS 102

RAUDONAS PADAŽAS 103

TURINYS 103

APDOROJIMAS 103

APVALAS 103

RYTINIS PADAŽAS 104

TURINYS 104

APDOROJIMAS 104

- APVALAS ... 104
- ROMASCO PADAŽAS ... 105
  - TURINYS ... 105
  - APDOROJIMAS ... 105
  - APVALAS ... 106
- SOUBIS PADAŽAS ... 107
  - TURINYS ... 107
  - APDOROJIMAS ... 107
  - APVALAS ... 107
- TARTAR PADAŽAS ... 108
  - TURINYS ... 108
  - APDOROJIMAS ... 108
  - APVALAS ... 108
- KARAMELĖS PADAŽAS ... 109
  - TURINYS ... 109
  - APDOROJIMAS ... 109
  - APVALAS ... 109
- PUODAI ... 110
  - TURINYS ... 110
  - APDOROJIMAS ... 110
  - APVALAS ... 110
- AKSOMINIS PADAŽAS ... 111
  - TURINYS ... 111
  - APDOROJIMAS ... 111
  - APVALAS ... 111
- padažo padažas ... 112

TURINYS 112

APDOROJIMAS 112

APVALAS 112

RAUDONI VAISIAI MĖTINIAME SALDAME VYNE 113

TURINYS 113

APDOROJIMAS 113

APVALAS 113

APVALAS 114

VIŠTĖS VIŠTĖS VIŠTĖS 115

TURINYS 115

APDOROJIMAS 115

APVALAS 115

KEPTA ANTIS 115

TURINYS 116

APDOROJIMAS 116

APVALAS 116

VILLAROY VIŠTĖS KŪNELĖ 118

TURINYS 118

APDOROJIMAS 118

APVALAS 119

Vištienos krūtinėlė su citrininiu garstyčių padažu 120

TURINYS 120

APDOROJIMAS 120

APVALAS 121

Skrudinta PINTADA SU slyvomis ir grybais 122

TURINYS 122

APDOROJIMAS 122

APVALAS 123

VIŠTA VIŠTA VILLAROY, TAČIAU UŽDARYTA MODENA ACTU IR KAREMELIZUOTA PICULO 124

    TURINYS 124

    APDOROJIMAS 124

    APVALAS 125

Vištienos krūtinėlė, įdaryta Pancetta, grybais ir sūriu 126

    TURINYS 126

    APDOROJIMAS 126

    APVALAS 127

SALDAUS VYNAS SU slyvų vištiena 128

    TURINYS 128

    APDOROJIMAS 128

    APVALAS 129

ORANŽINĖS VIŠTĖS PERTRAUKĖS SU PUSRYČIAIS 130

    TURINYS 130

    APDOROJIMAS 130

    APVALAS 130

JŪRINĖ kurapka 131

    TURINYS 131

    APDOROJIMAS 131

    APVALAS 131

VIŠTŲ MEDŽIOTOJAS 132

    TURINYS 132

    APDOROJIMAS 132

APVALAS 133
COCA COLA STILIUS VIŠTOS SPARNELAS 134
    TURINYS 134
    APDOROJIMAS 134
    APVALAS 134
ČESNAKINĖ VIŠTA 135
    TURINYS 135
    APDOROJIMAS 135
    APVALAS 136
VIŠTĖS BERNIUKAS 137
    TURINYS 137
    APDOROJIMAS 137
    APVALAS 138
MARINUOTA SU PUPEPELIAIS IR RAUDONAIS VAISIAIS 139
    TURINYS 139
    APDOROJIMAS 139
    APVALAS 140
CITRININĖ VIŠTA 141
    TURINYS 141
    APDOROJIMAS 141
    APVALAS 142
SERRANO JAMMON, CASAR MAkaronai IR SAN JACOBO VIŠTA SU RAKETA 143
    TURINYS 143
    APDOROJIMAS 143
    APVALAS 143

ORKAITĖS KARIO VIŠTA 144
    TURINYS 144
    APDOROJIMAS 144
    APVALAS 144
VIŠTA RAUDONOJE VYNE 145
    TURINYS 145
    APDOROJIMAS 145
    APVALAS 146
JUODOJI ALUS KERPINTA VIŠTA 147
    TURINYS 147
    APDOROJIMAS 147
    APVALAS 147
šokoladinė kurapka 149
    TURINYS 149
    APDOROJIMAS 149
    APVALAS 150
KETURI KULNIAI KETURI SU RAUDONŲ VAISIŲ PADAŽU 151
    TURINYS 151
    APDOROJIMAS 151
    APVALAS 152
KEPTINTA VIŠTA SU PERSIKO PADAŽU 153
    TURINYS 153
    APDOROJIMAS 153
    APVALAS 154
Vištienos filė įdaryta špinatais ir mocarela 155
    TURINYS 155

APDOROJIMAS..155

APVALAS...155

CAVA KEPTINTA VIŠTA...156

    TURINYS..156

    APDOROJIMAS..156

    APVALAS...156

Vištienos iešmeliai su žemės riešutų padažu.............................157

    TURINYS..157

    APDOROJIMAS..157

    APVALAS...158

VIŠTA PEPITORIJA..159

    TURINYS..159

    APDOROJIMAS..159

    APVALAS...160

ORANŽINĖ VIŠTA...161

    TURINYS..161

    APDOROJIMAS..161

    APVALAS...162

PORCINI VIŠTA RUBI..163

    TURINYS..163

    APDOROJIMAS..163

    APVALAS...164

VIŠTIENOS SUTEIS SU LAZDYNO RIEŠUTAIS IR sojų pupelėmis 165

    TURINYS..165

    APDOROJIMAS..165

    APVALAS...166

KEPTINTA MIGDOLŲ ŠOKOLADINĖ VIŠTA 167
    TURINYS 167
    APDOROJIMAS 167
    APVALAS 168
ĖVIENOS SKYS SU RAUDONŲJŲ PIRINKŲ GARSTYČIŲ PADAŽU 169
    TURINYS 169
    APDOROJIMAS 169
    APVALAS 170
PORT FULL JAUTIENOS MŪŠIS 171
    TURINYS 171
    APDOROJIMAS 171
    APVALAS 172
MADRILEYA MĖSĖS BALLAS 173
    TURINYS 173
    APDOROJIMAS 174
    APVALAS 174
ŠOKOLADINĖ JAUTIENA Skruostas 175
    TURINYS 175
    APDOROJIMAS 175
    APVALAS 176
CONFIT BED POG TORTAS SU SALDIJU VYNO PADAŽU 177
    TURINYS 177
    APDOROJIMAS 177
    APVALAS 178
PAŽYMĖTAS TRIUSIS 179

- TURINYS 179
  - APDOROJIMAS 179
  - APVALAS 180
- PEPITORIA MĖSOS BULĖLIS SU LAZDYNO RIEŠUTŲ PADAŽU .. 181
  - TURINYS 181
  - APDOROJIMAS 182
  - APVALAS 182
- JAUTIENOS MĖSĖ SU JUODU ALUS 183
  - TURINYS 183
  - APDOROJIMAS 183
  - APVALAS 184
- MADRLET TRIPES 185
  - TURINYS 185
  - APDOROJIMAS 185
  - APVALAS 186
- KEPTINOS KIAULIENOS SKYRIUS SU OBUOLIAIS IR MĖTOMIS 187
  - TURINYS 187
  - APDOROJIMAS 187
  - APVALAS 188
- Vištienos kukuliai su aviečių padažu 189
  - TURINYS 189
  - APDOROJIMAS 190
  - APVALAS 190
- ĖVIENOS TROŠKINIS 191
  - TURINYS 191
  - APDOROJIMAS 191

APVALAS 192
triušis civetas 193
    TURINYS 193
    APDOROJIMAS 193
    APVALAS 194
TRIUŠIS SU PIPERRADA 195
    TURINYS 195
    APDOROJIMAS 195
    APVALAS 195
Įdaryti vištienos kukuliai su sūriu kario padaže 196
    TURINYS 196
    APDOROJIMAS 197
    APVALAS 197
RAUDONO VYNO PAGALVĖS 198
    TURINYS 198
    APDOROJIMAS 198
    APVALAS 199
COCHIFRITO NAVARRE 200
    TURINYS 200
    APDOROJIMAS 200
    APVALAS 200
Jautienos užkepėlė su žemės riešutų padažu 201
    TURINYS 201
    APDOROJIMAS 201
    APVALAS 202
SUdegęs karo belaisvis 203

TURINYS 203

APDOROJIMAS 203

APVALAS 203

Skrudintų kopūstų vyniotinis 204

TURINYS 204

APDOROJIMAS 204

APVALAS 204

MEDŽIOTOJO TRIUSIS 205

TURINYS 205

APDOROJIMAS 205

APVALAS 206

MADRILEAA VERŠIŲ ANTspaudas 207

TURINYS 207

APDOROJIMAS 207

APVALAS 207

GRYBŲ TRIUŠIO PADAŽAS 208

TURINYS 208

APDOROJIMAS 208

APVALAS 209

IBER KELIAI BALTAJAME VYNE IR MEDUS 210

TURINYS 210

APDOROJIMAS 210

APVALAS 211

ŠOKOLADINĖ KRIAUŠĖ SU PIPRAIS

TURINYS

150 g šokolado

85 g cukraus

½ litro pieno

4 kriaušės

1 cinamono lazdelė

10 juodųjų pipirų

APDOROJIMAS

Kriaušes nulupkite, nenuimdami stiebų. Virkite piene su cukrumi, cinamono lazdelėmis ir juodaisiais pipirais 20 minučių.

Kriaušes persijokite, pieną nukoškite ir suberkite šokoladą. Nuolat maišydami sumažinkite, kol sutirštės. Kriaušes patiekite su šokoladiniu padažu.

APVALAS

Kai kriaušės iškeps, išilgai atidarykite, išimkite sėklas ir papuoškite maskarpone bei cukrumi. Uždaryti ir sezonas. Skanus.

TRIJŲ ŠOKOLADINIŲ SAUSAINIŲ TORTAS

TURINYS

150 g baltojo šokolado

150 g tamsaus šokolado

150 g pieniško šokolado

450 ml grietinėlės

450 ml pieno

4 šaukštai sviesto

1 pakelis Mariaus sausainių

3 maišeliai varškės

APDOROJIMAS

Sausainius sutrupinti ir sviestą ištirpinti. Sausainius sumaišykite su sviestu ir nuimama forma suformuokite pyrago pagrindą. Leiskite jam pailsėti šaldiklyje 20 minučių.

Tuo tarpu dubenyje pakaitinkite 150 g pieno, 150 g grietinėlės ir 150 g šokolado. Kai tik pradeda virti, 1 pakelis varškės stiklinėje praskiedžiamas trupučiu pieno ir supilamas į puode esantį mišinį. Išimkite, kai tik vėl iškeps.

Ant sausainių tešlos uždėkite pirmąjį šokoladą ir palikite šaldytuve 20 minučių.

Tą patį padarykite su kitu šokoladu ir uždėkite ant pirmojo sluoksnio. Ir pakartokite procesą su trečiuoju šokoladu. Palikite šaldytuve arba šaldytuve, kol paruošite patiekti.

APVALAS

Taip pat galima naudoti kitus šokoladinius saldainius, tokius kaip mėtų ar apelsinų.

Šveicariškas meringue

TURINYS

250 g cukraus

4 kiaušinių baltymai

žiupsnelis druskos

kelis lašus citrinos sulčių

APDOROJIMAS

Kiaušinių baltymus išplakti plaktuvu iki standumo. Nenustodami plakti po truputį supilkite citrinos sultis, žiupsnelį druskos ir cukraus.

Baigę dėti cukrų, plakite dar 3 minutes.

APVALAS

Kai išplakti kiaušinių baltymai yra kieti, kalbame apie point de pointe arba point de neige.

BANANŲ KREPIS SU LAZDYNO RIEŠUTŲ KREMINE

TURINYS

100 g miltų

25 g sviesto

25 g cukraus

1 ½ dl pieno

8 šaukštai lazdyno riešutų kremo

2 šaukštai romo

1 valgomasis šaukštas cukraus pudros

2 bananai

1 kiaušinis

½ maišelio mielių

APDOROJIMAS

Kiaušinius, mieles, romą, miltus, cukrų ir pieną išplakti. Palikite 30 minučių pailsėti šaldytuve.

Nelipnioje keptuvėje ant mažos ugnies įkaitinkite sviestą ir plonu tešlos sluoksniu paskleiskite visą paviršių. Apverskite, kol švelniai apskrus.

Nulupkite ir supjaustykite bananus. Ant kiekvieno blyno užtepkite 2 šaukštus lazdyno riešutų kremo ir ½ banano. Uždenkite servetėle ir pabarstykite cukraus pudra.

APVALAS

Crepes galima pagaminti iš anksto. Kai jų nebeliks, įkaitinkite keptuvėje su trupučiu sviesto iš abiejų pusių.

CITRINIŲ TORTAS ŠOKOLADINIO PAGRINDO

TURINYS

400 ml pieno

300 g cukraus

250 gr miltų

125 g sviesto

50 g kakavos

50 g kukurūzų krakmolo

5 kiaušinių tryniai

2 citrinų sultys

APDOROJIMAS

Sumaišykite miltus, sviestą, 100 g cukraus ir kakavą, kad gautumėte smėlio mišinį. Tada pilkite vandenį, kol gausite prie rankų nelimpančią tešlą. Supilkite į formą, užpilkite šiuo kremu ir kepkite 170°C 20 min.

Arba pašildykite pieną. Tuo tarpu kiaušinių trynius ir likusį cukrų išplakti iki švelniai balkšvos spalvos. Tada suberkite krakmolą ir sumaišykite su pienu. Kaitinkite nenustodami maišyti, kol sutirštės. Įpilkite citrinos sulčių ir toliau maišykite.

Tortą surinkite, dugną užpildydami kremu. Prieš patiekdami leiskite pailsėti šaldytuve 3 valandas.

APVALAS

Į citrinos glazūrą įdėkite keletą mėtų lapelių, kad pyragas įgautų tobulą šviežumą.

TIRAMISU

TURINYS

500 g maskarponės

120 g cukraus

1 pakelis biskvitinių sausainių

6 kiaušiniai

Amaretto (arba skrudintas romas)

1 aukšta stiklinė su kavos puodeliu (pasaldinta pagal skonį)

kakavos milteliai

druskos

APDOROJIMAS

Atskirkite kiaušinių baltymus ir trynius. Išplakite trynius ir suberkite pusę cukraus ir maskarponę. Vyniojimo judesiu plakite ir atidėkite į šalį. Kiaušinių baltymus išplakite su žiupsneliu druskos iki standumo (arba standumo). Kai jie bus beveik išplakti, suberkite kitą pusę cukraus ir baikite plakti. Sumaišykite trynius ir baltymus švelniais, apgaubiančiais judesiais.

Pamerkite sausainius iš abiejų pusių (per daug nesušlapdami) į kavą ir alkoholį ir padėkite į dubens dugną.

Ant sausainių aptepkite kiaušinių ir sūrio kremo sluoksnį. Dar kartą sušlapinkite Soletilla sausainius ir sudėkite ant tešlos. Užbaikite sūrio pasta ir pabarstykite kakavos milteliais.

APVALAS

Valgykite naktį arba geriau dvi dienas po paruošimo.

INTXAURSALSA (RIEŠUTŲ KREMAS)

TURINYS

125 g lukštentų graikinių riešutų

100 g cukraus

1 litras pieno

1 nedidelė cinamono lazdelė

APDOROJIMAS

Pieną su cinamonu užvirinkite ir suberkite cukrų bei smulkintus graikinius riešutus.

Virkite ant silpnos ugnies 2 valandas ir prieš patiekdami leiskite atvėsti.

APVALAS

Jo konsistencija turėtų būti panaši į ryžių pudingą.

PIENAS Piktas

TURINYS

175 g cukraus

1 litras pieno

1 citrinos žievelė

1 cinamono lazdelė

3 ar 4 kiaušinių baltymai

cinamono milteliai

APDOROJIMAS

Pieną su cinamono lazdelėmis ir citrinos žievele pakaitinkite ant silpnos ugnies, kol pradės virti. Nedelsdami suberkite cukrų ir virkite dar 5 minutes. Atidėkite į šalį ir palikite atvėsti šaldytuve.

Kai atvės, išplakite baltymus iki putų ir vyniodami supilkite pieną. Patiekite su maltu cinamonu.

APVALAS

Norėdami gauti neprilygstamą granitą, dėkite į šaldiklį ir kas valandą braukite šakute, kol visiškai sustings.

KATĖS LIEŽUVAS

TURINYS

350 g birių miltų

250 g tepalo aliejaus

250 g cukraus pudros

5 kiaušinių baltymai

1 kiaušinis

vanilės skonio

druskos

APDOROJIMAS

Į dubenį sudėkite sviestą, cukraus pudrą, žiupsnelį druskos ir vanilės esencijos. Gerai išplakame ir įmušame kiaušinį. Toliau plakite ir plakdami po vieną supilkite kiaušinių baltymus. Miltus suberkite iš karto, per daug nemaišydami.

Atskirkite kremą į plokščią antgalį ir padarykite maždaug 10 cm juosteles. Leiskite tešlai pasiskirstyti tapšnodami skardą į stalą ir kepkite 200°C, kol kraštai gerai apskrus.

APVALAS

Į tešlą įpilkite 1 šaukštą kokoso miltelių, kad gautumėte skirtingus kačių liežuvius.

Apelsinų biskvitas

TURINYS

220 g miltų

200 g cukraus

4 kiaušiniai

1 mažas apelsinas

ant 1 mielių

cinamono milteliai

220 g saulėgrąžų aliejaus

APDOROJIMAS

Kiaušinius sumaišykite su cukrumi, cinamonu ir apelsino žievele bei sultimis.

Įpilkite aliejaus ir išmaišykite. Suberkite persijotus miltus ir kepimo miltelius. Leiskite šiam mišiniui pastovėti 15 minučių ir supilkite į keksiukų formeles.

Įkaitinkite orkaitę iki 200°C ir kepkite 15 minučių iki auksinės rudos spalvos.

APVALAS

Į tešlą galite įdėti šokolado drožlių.

KEPTI OBUOLIAI SU PORTU

TURINYS

80 gr sviesto (4 vnt.)

8 šaukštai portveino

4 šaukštai cukraus

4 obuoliai

APDOROJIMAS

Nulupkite obuolius. Užpildykite cukrumi ir ant viršaus uždėkite sviesto.

Kepti 175°C 30 min. Praėjus šiam laikui, kiekvieną obuolį apšlakstykite 2 šaukštais portveino ir kepkite dar 15 minučių.

APVALAS

Patiekite karštus su kaušeliu vanilinių ledų ir apšlakstykite jų išleistomis sultimis.

VIRTI MERSINGAI

TURINYS

400 g granuliuoto cukraus

100 g cukraus pudros

¼ litro kiaušinio baltymo

lašai citrinos sulčių

APDOROJIMAS

Kiaušinių baltymus išplakite su citrinos sultimis ir cukrumi iki vientisos masės. Nukelkite nuo ugnies ir toliau plakite (meringue sutirštės, kai temperatūra kris).

Suberkite cukraus pudrą ir toliau plakite, kol meringue visiškai atvės.

APVALAS

Juo galima aptepti pyragus ir papuošti. Neviršykite 60 ºC, kad kiaušinio baltymas nesušaltų.

KREMAS

TURINYS

170 g cukraus

1 litras pieno

1 valgomasis šaukštas kukurūzų krakmolo

8 kiaušinių tryniai

1 citrinos žievelė

Cinamonas

APDOROJIMAS

Pieną su citrinos žievele ir puse cukraus užvirinkite. Kai užvirs, išjunkite ugnį ir nukelkite nuo viryklės palikite pailsėti.

Kita vertus, dubenyje išplakti kiaušinių trynius su likusiu cukrumi ir kukurūzų krakmolu. Įpilkite ketvirtadalį virinto pieno ir toliau maišykite.

Kiaušinio trynių mišinį supilkite į likusį pieną ir nuolat maišydami virkite.

Pirmą kartą užvirus plakite šluotele 15 sekundžių. Nukelkite nuo ugnies ir toliau plakite dar 30 sekundžių. Nukoškite ir palikite atvėsti. Pabarstykite cinamonu.

APVALAS

Aromatizuotas kremas, šokoladas, traiškyti sausainiai, kava, kokoso riešutas ir kt. Norėdami jį pagaminti, tiesiog nuimkite norimą skonį nuo viryklės ir karštą išmaišykite.

PANNA COTTA CANDY SU PURPURA

TURINYS

150 gr) Cukrus

100 g violetinio cukraus

½ litro grietinėlės

½ litro pieno

9 lakštai želatinos

APDOROJIMAS

Želatinos lakštus suvilgykite šaltu vandeniu.

Puode pakaitinkite grietinėlę, pieną, cukrų ir karamelę, kol ištirps.

Nuėmus nuo viryklės supilame želatiną ir maišome, kol ji visiškai ištirps.

Supilkite į formeles ir šaldykite mažiausiai 5 valandas.

APVALAS

Į šį receptą įeina kavos zefyrai, karamelė ir kt. Galite paįvairinti pridėdami

citrusiniai sausainiai

TURINYS

220 g minkšto sviesto

170 g miltų

55 g cukraus pudros

35 g kukurūzų krakmolo

5 g apelsino žievelės

5 g citrinos žievelės

2 šaukštai apelsinų sulčių

1 valgomasis šaukštas citrinos sulčių

1 kiaušinio baltymas

vanilės skonio

APDOROJIMAS

Labai lėtai sumaišykite sviestą, kiaušinių baltymus, apelsinų sultis, citrinos sultis, citrusinių vaisių žievelę ir žiupsnelį vanilės esencijos. Išmaišykite ir suberkite persijotus miltus ir kukurūzų krakmolą.

Tešlą dėkite į žiedinį antgalį ir ant kepimo popieriaus nubrėžkite 7 cm apskritimus. Kepti 175°C 15 min.

Sausainius pabarstykite cukraus pudra.

APVALAS

Į tešlą suberkite maltus gvazdikėlius ir imbierą. Rezultatas puikus.

MANGO STRUKTŪRA

TURINYS

550 g birių miltų

400 g minkšto sviesto

200 g cukraus pudros

125 g pieno

2 kiaušiniai

vanilės skonio

druskos

APDOROJIMAS

Sumaišykite miltus, cukrų, žiupsnelį druskos ir kitą vanilės ekstraktą. Po vieną įmuškite ne per šaltus kiaušinius. Supilkite šiek tiek šiltą pieną ir suberkite išsijotus miltus.

Tešlą dėkite į žiedinį antgalį ir šiek tiek supilkite ant kepimo popieriaus. Kepti 180°C 10 min.

APVALAS

Į išorę galite įberti šiek tiek susmulkintų migdolų miltelių, pamirkyti šokolade arba priklijuoti vyšnių.

JOGURTINIS TORTAS

TURINYS

375 g miltų

250 g natūralaus jogurto

250 g cukraus

1 pakelis kepimo miltelių

5 kiaušiniai

1 mažas apelsinas

1 citrina

125 g saulėgrąžų aliejaus

APDOROJIMAS

Kiaušinius ir cukrų plakite mikseriu 5 minutes. Įmaišykite jogurtą, aliejų, citrusinių vaisių žievelę ir sultis.

Miltus ir kepimo miltelius persijokite ir suberkite į jogurtus.

Ištepkite ir miltais ištepkite formą. Supilkite tešlą ir kepkite 165 ºC apie 35 minutes.

APVALAS

Norėdami gaminti įvairius sausainius, naudokite aromatintus jogurtus.

Rozmarinų bananų kompotas

TURINYS

30 g sviesto

1 rozmarino šakelė

2 bananai

APDOROJIMAS

Nulupkite ir supjaustykite bananus.

Sudėkite juos į puodą, uždenkite ir virkite su sviestu ir rozmarinu ant labai mažos ugnies, kol bananas taps kaip kompotas.

APVALAS

Šis kompotas puikiai dera ir su kiaulienos kotletais, ir su šokoladiniu biskvitu. Gaminant galima įberti 1 valgomąjį šaukštą cukraus, kad būtų saldesnis.

BRULE KREMAS

TURINYS

100 g cukranendrių cukraus

100 g baltojo cukraus

400 cl grietinėlės

300 cl pieno

6 kiaušinių tryniai

1 vanilės lazdelė

APDOROJIMAS

Atidarykite vanilės ankštį ir pašalinkite sėklas.

Dubenyje išplakti pieną su baltu cukrumi, kiaušinių tryniais, grietinėle ir vanilės ankštimis. Šiuo mišiniu užpildykite atskiras formas.

Įkaitinkite orkaitę iki 100°C ir kepkite bain-marie 90 minučių. Atvėsusį viršų pabarstykite ruduoju cukrumi ir uždekite degikliu (arba įkaitinkite orkaitę grilio režimu ir kepkite, kol cukrus šiek tiek apdegs).

APVALAS

Norėdami gauti skanų kakavinį kremą, į grietinėlę arba pieną įpilkite 1 šaukštą tirpios kakavos.

Čigonų ginklai, pilni kremo

TURINYS

250 g šokolado

125 g cukraus

½ litro grietinėlės

Soletilla sausainiai (žr. skyrių „Desertai")

APDOROJIMAS

Pasigaminkite biskvitą su Soletilla. Užpildykite plakta grietinėle ir apvyniokite ant savęs.

Puode užvirkite cukrų su 125 g vandens. Įpilkite šokolado, leiskite jam tirpti 3 minutes nenustodami maišyti ir uždenkite vyniotinį šokoladu. Leiskite pailsėti prieš patiekiant.

APVALAS

Į sirupe esančią grietinėlę suberkite mažus vaisių gabalėlius, kad pasimėgautumėte pilnesniu ir skanesniu desertu.

kiaušinių pyragas

TURINYS

200 g cukraus

1 litras pieno

8 kiaušiniai

APDOROJIMAS

Virkite karamelę su cukrumi ant silpnos ugnies ir nemaišydami. Nuimkite nuo ugnies, kai paruduos. Paskirstykite į atskiras pyragas arba bet kokią formą.

Pieną ir kiaušinius išplakti, kad nesusidarytų putos. Prieš dedant į formas, jei matote, visiškai išimkite.

Supilkite ant karamelės ir kepkite 165 °C temperatūroje apie 45 minutes arba tol, kol adata iššoks švari.

APVALAS

Pagal tą patį receptą gaminamas skanus pudingas. Dėti kruasanus, bandeles, sausainius... dieną prieš.

BRAKŠČIŲ JAVA želė

TURINYS

500 g cukraus

150 g braškių

1 butelis putojančio vyno

½ pakuotės želatinos lakštų

APDOROJIMAS

Puode įkaitinkite cava ir cukrų. Prieš tai šaltame vandenyje sudrėkintą želatiną nukelkite nuo ugnies.

Patiekite su braškėmis martinio taurėse ir šaldykite, kol sustings.

APVALAS

Taip pat galima gaminti su bet kokiu desertiniu vynu ir raudonomis uogomis.

bandelė

TURINYS

150 g miltų

30 g sviesto

250 ml pieno

4 kiaušiniai

1 citrina

APDOROJIMAS

Pieną ir sviestą užvirinkite kartu su citrinos žievele. Kai užvirs, nuimkite kevalą ir iš karto suberkite miltus. Išjunkite ugnį ir maišykite 30 sekundžių.

Vėl įjunkite ugnį ir maišykite dar minutę, kol tešla prilips prie keptuvės kraštų.

Tešlą supilkite į dubenį ir po vieną įmuškite kiaušinius (kito nedėkite tol, kol gerai nesusimaišys su ankstesne tešla).

Kepkite bandeles mažomis porcijomis, naudodami maišelį arba 2 šaukštus.

APVALAS

Grietinėlė, grietinėlė, šokoladas ir kt. galima užpildyti

ŠVENTŲJŲ JONŲ LIGONINĖ

TURINYS

350 gr miltų

100 g sviesto

40 g pušies riešutų

250 ml pieno

1 pakelis kepimo miltelių

1 citrinos žievelės ir

3 kiaušiniai

cukraus

druskos

APDOROJIMAS

Išsijokite miltus ir kepimo miltelius. Sumaišykite ir padarykite ugnikalnį. Į vidurį dėkite lukštus, 110 g cukraus, sviestą, pieną, kiaušinius ir žiupsnelį druskos. Gerai minkykite, kol tešla nelips prie rankų.

Kočėlu iškočiokite, kol gausite ploną stačiakampio formą. Sudėkite juos ant kepimo skardos, padengtos pergamentiniu popieriumi, ir palikite 30 minučių.

Koksą aptepkite kiaušiniais, pabarstykite pušies riešutais ir 1 šaukštu cukraus. Kepkite 200 ºC apie 25 minutes.

BOLONIJAS PADAŽAS

TURINYS

600 g pjaustytų pomidorų

500 g maltos mėsos

1 taurė raudonojo vyno

3 morkos

2 salierų stiebeliai (nebūtina)

2 skiltelės česnako

1 svogūnas

origanas

cukraus

alyvuogių aliejus

Druskos ir pipirų

APDOROJIMAS

Smulkiai supjaustykite svogūną, česnaką, saliero stiebus ir morką. Kai paruduos ir daržovės suminkštės, sudėkite mėsą.

Kai mėsa prarado rausvą spalvą, pagardinkite ją ir užpilkite vynu. Sumažinkite 3 minutes ant stiprios ugnies.

Sudėkite tarkuotus pomidorus ir virkite ant silpnos ugnies 1 valandą. Galiausiai įberkite druskos ir cukraus bei pagal skonį įberkite čiobrelių.

APVALAS

Bolognese visada asocijuojasi su makaronais, bet labai dera su ryžių plovu.

BRODO BIANCO (POLLO O VITELLO)

INGREDIENTAI

1 kg di ossa di manzo o pollo

1 dl vino bianco

1 gambo di sedano

1 rametto di timo

2 chiodi di garofano

1 foglia di alloro

1 porro pulito

1 carota pulita

½ cipolla

15 grani di pepe nero

ELABORAZIONE

Metti tutti gli ingredienti in una pentola. Coprire con acqua e cuocere ir fuoco medio. Quando inizia a bollire, scolatela. Cuocere per 4 rūdą.

Filtrare e passare in un altro contenitore. Riservare velocemente in frigorifero.

IL GIRO

Non salare prima dell'uso, perché è più facile che si rovini. Si usa come brodo base per fare salse, zuppe, piatti di riso, stufati ir kt.

POMODORI

INGREDIENTAI

1 kg pomodorių

120 g gabalėlių

2 spicchi d'aglios

1 rametto di rosmarino

1 rametto di timo

cukinija

1 dl alyvuogių aliejaus

pardavimas

ELABORAZIONE

Tagliare le cipolle e l'aglio a pezzetti. Rosolare dolcemente per 10 minučių una casseruola.

Vyšninius pomidorus supjaustykite ir sudėkite į keptuvę kartu su aromatinėmis žolelėmis. Virkite, kol pomidorai visiškai nusausės.

Jei reikia, pasūdykite ir sureguliuokite cukrų.

APVALAS

Jį galima paruošti iš anksto ir laikyti sandariame inde šaldytuve.

ROBERTO SOS

TURINYS

200 g laiškinių svogūnų

100 g sviesto

½ litro sultinio

¼ litro baltojo vyno

1 valgomasis šaukštas miltų

1 valgomasis šaukštas garstyčių

Druskos ir pipirų

APDOROJIMAS

Svieste pakepinkite susmulkintą svogūną. Suberkite miltus ir švelniai virkite 5 minutes.

Pakelkite ugnį, supilkite vyną ir sumažinkite per pusę, nuolat maišydami.

Supilkite sultinį ir virkite dar 5 minutes. Nukėlus nuo ugnies suberiame garstyčias ir pagardiname druska bei pipirais.

APVALAS

Puikiai tinka prie kiaulienos.

ROŽINIS PADAŽAS

TURINYS

250 g majonezo padažo (žr. skyrių „Sultiniai ir padažai")

2 šaukštai kečupo

2 šaukštai konjako

½ apelsino sultys

Tabasco

Druskos ir pipirų

APDOROJIMAS

Sumaišykite majonezą, kečupą, brendį, sultis, žiupsnelį tabasko, druskos ir pipirų. Gerai plakite, kol gausis vientisas padažas.

APVALAS

Kad padažas būtų homogeniškesnis, įpilkite ½ šaukšto garstyčių ir 2 šaukštus skystos grietinėlės.

ŽUVIES MAIŠAS

TURINYS

500 g baltos žuvies kaulo arba galvos

1 dl baltojo vyno

1 petražolių šakelė

1 poro

½ mažo svogūno

5 juodieji pipirai

APDOROJIMAS

Visus ingredientus sudėkite į puodą ir užpilkite 1 litru šalto vandens. Virkite be putų 20 minučių ant vidutinės ugnies.

Filtruokite, pakeiskite konteinerį ir greitai atšaldykite.

APVALAS

Prieš naudojimą nesūdykite, nes yra didesnė tikimybė, kad jis suges. Puikiai tinka padažams, ryžių patiekalams, sriuboms ir kt. yra pagrindas.

VOKIETIŠKAS PADAŽAS

TURINYS

35 g sviesto

35 g miltų

2 kiaušinių tryniai

½ litro sultinio (žuvies, mėsos, paukštienos ir kt.)

druskos

APDOROJIMAS

Miltus pakepinkite svieste 5 minutes ant silpnos ugnies. Iš karto supilkite sultinį ir nuolat maišydami virkite ant vidutinės ugnies dar 15 minučių. Sūrus sezonas.

Nukelkite nuo ugnies ir nenustodami plakti įpilkite kiaušinio trynį.

APVALAS

Per daug nekaitinkite, kad tryniai nesukrešėtų.

BRAVE PADAŽAS

TURINYS

750 g keptų vyšninių pomidoriukų

1 nedidelė taurė baltojo vyno

3 šaukštai acto

10 žalių migdolų

10 paprikų

5 riekelės duonos

3 skiltelės česnako

1 svogūnas

cukraus

alyvuogių aliejus

druskos

APDOROJIMAS

Visą česnaką pakepinkite keptuvėje. Pašalinti ir rezervuoti. Tame pačiame aliejuje pakepinkite migdolus. Pašalinti ir rezervuoti. Toje pačioje keptuvėje paskrudinkite duoną. Pašalinti ir rezervuoti.

Tame pačiame aliejuje pakepinkite julieno juostelėmis pjaustytą svogūną su paprikomis. Kai užvirs, pamirkykite actu ir stikline vyno. Sumažinkite 3 minutes ant stiprios ugnies.

Sudėkite pomidorus, česnaką, migdolus ir duoną. Virkite 5 minutes, išmaišykite ir, jei reikia, įberkite druskos ir cukraus.

APVALAS

Jį galima užšaldyti atskiruose ledukų formelėse ir naudoti tik tada, kai reikia.

JUODAS PULJIENAS (VIŠTA ARBA JAUTIENA)

TURINYS

5 kg veršienos arba vištienos kaulų

500 g pomidorų

250 g morkų

250 g porų

125 g svogūnų

½ litro raudonojo vyno

5 litrai šalto vandens

1 religijos šaka

3 lauro lapai

2 šakelės čiobrelių

2 rozmarino šakelės

15 juodųjų pipirų

APDOROJIMAS

Kepkite kaulus 185°C temperatūroje, kol švelniai apskrus. Į tą pačią keptuvę suberkite nuvalytas ir vidutinio dydžio pjaustytas daržoves. Daržoves pakepinti.

Kaulus ir daržoves sudėkite į didelį puodą. Įpilkite vyno ir žolelių, tada įpilkite vandens. Virkite 6 valandas ant silpnos ugnies, retkarčiais perkoškite. Nukoškite ir palikite atvėsti.

APVALAS

Tai daugelio padažų, troškinių, rizoto, sriubų ir kt. Atvėsus sultiniui riebalai lieka sustingę viršuje. Dėl to jį lengva pašalinti.

PICON MOJO

TURINYS

8 šaukštai acto

2 arbatinius šaukštelius kmynų sėklų

2 arbatiniai šaukšteliai saldžiosios paprikos

2 galvos česnako

3 aitriosios paprikos

30 šaukštų aliejaus

lauro druskos

APDOROJIMAS

Visus kietus ingredientus, išskyrus raudonuosius pipirus, sutrinkite grūstuvėje.

Suberkite raudonuosius pipirus ir toliau trinkite. Palaipsniui pilkite skysčius, kol gausis vientisas ir emulsinis padažas.

APVALAS

Puikiai tinka prie garsiųjų bulvių trintų, taip pat prie ant grotelių keptos žuvies.

PESTO PADAŽAS

TURINYS

100 g pušies riešutų

100 g parmezano

1 ryšelis šviežio baziliko

1 skiltelė česnako

saldaus alyvuogių aliejaus

APDOROJIMAS

Visus ingredientus išplakite nepalikdami pernelyg vienalyčių, kad pastebėtumėte pušies riešutų traškumą.

APVALAS

Vietoj pušies riešutų galite naudoti graikinius riešutus, o vietoj baziliko – šviežią rukolą. Iš pradžių jis gaminamas skiedinyje.

SALDRŪGŠTIS PADAŽAS

TURINYS

100 g cukraus

100 ml acto

50 ml sojos padažo

1 citrinos žievelės ir

1 apelsino žievelė

APDOROJIMAS

Virkite cukrų, actą, sojos padažą ir citrusinių vaisių žievelę 10 minučių. Prieš naudojimą leiskite atvėsti.

APVALAS

Tai puikus priedas prie kiaušinių suktinukų.

ŽALIOS MOJITOS

TURINYS

8 šaukštai acto

2 arbatinius šaukštelius kmynų sėklų

4 rutuliukai žaliųjų pipirų

2 galvos česnako

1 krūva petražolių arba kalendros

30 šaukštų aliejaus

lauro druskos

APDOROJIMAS

Sumaišykite visas sausąsias medžiagas, kol susidarys pasta.

Palaipsniui pilkite skysčius, kol gausis vientisas ir emulsinis padažas.

APVALAS

Suvyniotą į plastikinę plėvelę, šaldytuve be problemų galima laikyti keletą dienų.

BECHAMELLA PADAŽAS

TURINYS

85 g sviesto

85 gr miltų

1 litras pieno

muskato riešutas

Druskos ir pipirų

APDOROJIMAS

Keptuvėje ištirpinkite sviestą, suberkite miltus ir nuolat maišydami virkite ant silpnos ugnies 10 minučių.

Iš karto supilkite pieną ir virkite dar 20 minučių. Tęsti maišymą. Pagardinkite druska, pipirais ir muskato riešutu.

APVALAS

Virkite miltus ir sviestą ant silpnos ugnies, kad nesusidarytų gumuliukų, ir toliau plakite, kol mišinys taps skystas.

padažų medžiotojas

TURINYS

200 g grybų

200 g pomidorų padažo

125 g sviesto

½ litro sultinio

¼ litro baltojo vyno

1 valgomasis šaukštas miltų

1 pavasario svogūnas

Druskos ir pipirų

APDOROJIMAS

Smulkiai supjaustytus svogūnus pakepinkite svieste 5 minutes ant vidutinės ugnies.

Sudėkite nuvalytus ir ketvirčiais supjaustytus grybus ir padidinkite ugnį. Virkite dar 5 minutes, kol nutekės vanduo. Suberkite miltus ir nuolat maišydami kepkite dar 5 minutes.

Pamirkykite vyne ir leiskite jam išgaruoti. Įpilkite pomidorų padažo ir sultinio. Virkite dar 5 minutes.

APVALAS

Laikykite šaldytuve ir ant jo ištepkite lengvą sviesto sluoksnį, kad ant paviršiaus nesusidarytų plutelė.

AIOLI PADAŽAS

TURINYS

6 skiltelės česnako

acto

½ litro šviesaus alyvuogių aliejaus

druskos

APDOROJIMAS

Česnaką su druska sutrinkite grūstuvėje, kol pavirs į pasta.

Lėtai pilkite aliejų, nuolat maišydami grūstuvu, kol gausite tirštą padažą. Į padažą įpilkite šlakelį acto.

APVALAS

Padažą paruošti bus lengviau, jei česnaką traiškydami įdėsite 1 kiaušinio trynį.

AMERIKIETIŠKAS PADAŽAS

TURINYS

150 g krevečių

250 g krevečių ir krevečių skerdenų ir galvų

250 g prinokusių pomidorų

250 g svogūnų

100 g sviesto

50 g morkų

50 g porų

½ litro žuvies sultinio

1 dl baltojo vyno

½ dl konjako

1 valgomasis šaukštas miltų

1 lygio arbatinis šaukštelis kajeno pipirų

1 šakelė čiobrelių

druskos

APDOROJIMAS

Svieste troškinkite daržoves, išskyrus pomidorus, smulkiais gabalėliais. Tada pakepinkite raudonuosius pipirus ir miltus.

Pakepinkite krabų ir kitų vėžiagyvių galvas ir flambiruokite su konjaku. Atskirkite krabų uodegas, o skerdenas sutrinkite sultiniu. Perkoškite 2 ar 3 kartus, kol neliks pluta.

Į daržoves supilkite sultinį, vyną, ketvirčiais supjaustytus pomidorus ir čiobrelius. Virkite 40 minučių, sutrinkite ir įberkite druskos.

APVALAS

Puikus padažas prie įdarytų paprikų, jūrų velnių ar žuvies pyrago.

SUN BIRTH PADAŽAS

TURINYS

45 g sviesto

½ litro aksominio padažo (žr. skyrių „Sultiniai ir padažai")

3 šaukštai pomidorų padažo

APDOROJIMAS

Užvirinkite aksominį padažą, suberkite pomidorų šaukštus ir plakite šluotele.

Nukelkite nuo ugnies, įpilkite sviesto ir toliau maišykite, kol gerai susimaišys.

APVALAS

Šį padažą naudokite prie velnio kiaušinių.

BBQ padažas

TURINYS

1 skardinė kokso

1 puodelis pomidorų padažo

1 puodelis kečupo

½ puodelio acto

1 arbatinis šaukštelis čiobrelių

1 arbatinis šaukštelis čiobrelių

1 arbatinis šaukštelis kmynų

1 skiltelė česnako

1 susmulkinto čili pipiro

½ svogūno

alyvuogių aliejus

Druskos ir pipirų

APDOROJIMAS

Svogūną ir česnaką smulkiai supjaustykite ir pakepinkite trupučiu aliejaus. Kai suminkštės, supilkite pomidorą, kečupą ir actą.

Virkite 3 minutes. Suberkite kajeno pipirus ir prieskonius. Išmaišykite, supilkite Coca-Cola ir virkite, kol liks tiršta konsistencija.

APVALAS

Tai puikus padažas prie vištienos sparnelių. Jį galima užšaldyti atskiruose ledukų formelėse ir naudoti tik tada, kai reikia.

pupelių padažas

TURINYS

250 g sviesto

1 dl peletrūno acto

1 dl baltojo vyno

3 kiaušinių tryniai

1 askaloninis česnakas (arba ½ mažo svogūno)

peletrūno

Druskos ir pipirų

APDOROJIMAS

Susmulkintą askaloninį česnaką pakaitinkite puode su actu ir vynu. Sumažinkite maždaug 1 valg.

Sūdytus trynius išplakite vandens vonelėje. Įpilkite vyno ir acto sumažinimo bei 2 šaukštus šalto vandens, kol padvigubės.

Toliau plakant po truputį pilame lydytą sviestą. Įpilkite šiek tiek susmulkinto peletrūno ir laikykite bain-marie ne aukštesnėje kaip 50°C temperatūroje.

APVALAS

Svarbu šį padažą laikyti bain-marie ant silpnos ugnies, kad jis nesušaltų.

CARBONARA PADAŽAS

TURINYS

200 g šoninės

200 g grietinėlės

150 g parmezano

1 vidutinis svogūnas

3 kiaušinių tryniai

Druskos ir pipirų

APDOROJIMAS

Pakepinkite kubeliais pjaustytą svogūną. Kai apskrus, suberkite juostelėmis supjaustytą šoninę ir palikite ant viryklės, kol apskrus.

Tada supilkite grietinėlę, druską, pipirus ir virkite 20 minučių.

Nukėlus nuo ugnies suberiame tarkuotą sūrį, kiaušinio trynį ir išmaišome.

APVALAS

Jei turite likučių kitam kartui, darykite tai ant silpnos ugnies, vieną kartą pakaitinę, ne per ilgai, kad kiaušinis nesušaltų.

delikateso padažas

TURINYS

200 g laiškinių svogūnų

100 g marinuotų agurkų

100 g sviesto

½ litro sultinio

125 cl baltojo vyno

125 cl acto

1 valgomasis šaukštas garstyčių

1 valgomasis šaukštas miltų

Druskos ir pipirų

APDOROJIMAS

Svieste pakepinkite susmulkintą svogūną. Suberkite miltus ir švelniai virkite 5 minutes.

Padidinkite ugnį ir supilkite vyną bei actą ir sumažinkite per pusę, nuolat maišydami.

Supilkite sultinį, julienne juostelėmis supjaustytus raugintus agurkus ir virkite dar 5 minutes. Nukelkite nuo ugnies ir suberkite garstyčias. Sezonas.

APVALAS

Šis padažas idealiai tinka prie riebios mėsos.

CUMBERLAND PADAŽAS

TURINYS

150 g serbentų uogienės

½ dl porto

1 puodelis tamsaus sultinio (žr. skyrių „Sultiniai ir padažai")

1 arbatinis šaukštelis imbiero miltelių

1 valgomasis šaukštas garstyčių

1 askaloninis česnakas

½ apelsino žievelės

½ citrinos žievelės

½ apelsino sultys

½ citrinos sulčių

Druskos ir pipirų

APDOROJIMAS

Apelsinų ir citrinų žieveles susmulkinkite julienne. Virkite šaltame vandenyje ir virkite 10 sekundžių. Pakartokite procesą du kartus. Nukoškite ir atvėsinkite.

Smulkiai supjaustykite askaloninius česnakus ir virkite 1 minutę, nuolat maišydami su juodųjų serbentų uogiene, portu, sultiniu, citrusinių vaisių žievele ir sultimis, garstyčiomis, imbieru, druska ir pipirais. Leiskite jam atvėsti.

APVALAS

Tai puikus pagardas prie pašteto ar žvėrienos patiekalų.

kario padažas

TURINYS

200 g svogūnų

2 šaukštai miltų

2 šaukštai kario

3 skiltelės česnako

2 dideli pomidorai

1 šakelė čiobrelių

1 lauro lapas

1 buteliukas kokoso pieno

1 obuolys

1 bananas

alyvuogių aliejus

druskos

APDOROJIMAS

Susmulkintą svogūną ir česnaką pakepinkite augaliniame aliejuje. Sudėkite karį ir virkite 3 minutes. Suberkite miltus ir nuolat maišydami kepkite dar 5 minutes.

Sudėkite ketvirčiais supjaustytus pomidorus, žoleles ir kokosų pieną. Virkite ant silpnos ugnies 30 minučių. Suberkite nuluptus ir susmulkintus obuolius bei bananus ir virkite dar 5 minutes. Susmulkinkite druską, perkoškite ir ištiesinkite.

APVALAS

Kad šis padažas būtų mažiau kaloringas, perpus sumažinkite kokosų pieną ir pakeiskite jį vištienos sultiniu.

ČESNAKINIS PADAŽAS

TURINYS

250 ml grietinėlės

10 skiltelių česnako

Druskos ir pipirų

APDOROJIMAS

Česnaką 3 kartus apvirkite šaltame vandenyje. Užvirinkite, perkoškite ir užvirinkite šaltu vandeniu. Pakartokite šį procesą 3 kartus.

Po blanširavimo kepkite 25 minutes kartu su kremu. Galiausiai pagardinkite druska ir pipirais.

APVALAS

Ne visi kremai yra vienodi. Jei per tiršta, įpilkite grietinėlės ir virkite dar 5 minutes. Kita vertus, jei jis per skystas, virkite ilgiau. Puikiai tinka prie žuvies.

TIK PADAŽAS

TURINYS

200 g gervuogių

25 g cukraus

250 ml ispaniško padažo (žr. skyrių Sultiniai ir padažai)

100 ml saldaus vyno

2 šaukštai acto

1 valgomasis šaukštas sviesto

Druskos ir pipirų

APDOROJIMAS

Virkite karamelę su cukrumi ant silpnos ugnies. Įpilkite acto, vyno, gervuogių ir troškinkite 15 minučių.

Supilkite ispanišką padažą. Įberkite druskos, pipirų, išmaišykite, perkoškite ir išvirkite su sviestu.

APVALAS

Tai puikus prieskonis žaidimui.

OBUOLIŲ SULTYS

TURINYS

250 ml grietinėlės

1 butelis sidro

1 cukinija

1 morka

1 poro

druskos

APDOROJIMAS

Daržoves supjaustykite pagaliukais ir kepkite 3 minutes ant stiprios ugnies. Supilkite sidrą ir sumažinkite 5 minutes.

Įpilkite grietinėlės, druskos ir virkite dar 15 minučių.

APVALAS

Puikiai dera su ant grotelių kepta karšio filė ar lašišos griežinėliu.

POMIDORŲ PADAŽAS

TURINYS

1 ½ kg prinokusių pomidorų

250 g svogūnų

1 stiklinė baltojo vyno

1 kumpio kaulas

2 skiltelės česnako

1 didelė morka

Švieži čiobreliai

šviežių rozmarinų

cukraus (nebūtina)

druskos

APDOROJIMAS

Svogūną, česnaką ir morką supjaustykite julienne juostelėmis ir pakepinkite ant vidutinės ugnies. Kai daržovės suminkštės, suberkite kaulą ir nuplaukite vynu. Įjunkite šilumą.

Sudėkite ketvirčiais supjaustytus pomidorus ir žoleles. Kepkite 30 minučių.

Pašalinkite kaulus ir žoleles. Susmulkinkite, perkoškite ir, jei reikia, pakoreguokite druską ir cukrų.

APVALAS

Užšaldykite atskiruose ledo kubelių padėkliuose, kad visada būtų skanus naminis pomidorų padažas.

PEDRO XIMENEZ VYNO PADAŽAS

TURINYS

35 g sviesto

250 ml ispaniško padažo (žr. skyrių Sultiniai ir padažai)

75 ml Pedro Ximenez vyno

Druskos ir pipirų

APDOROJIMAS

Vyną pakaitinkite ant vidutinės ugnies 5 minutes. Įpilkite ispaniško padažo ir virkite dar 5 minutes.

Kad sutirštėtų ir blizgėtų, išjunkite viryklę ir suberkite kubeliais supjaustytą šaltą sviestą. Sezonas.

APVALAS

Jį galima gaminti su bet kokiu desertiniu vynu, pavyzdžiui, portveinu.

GRIETINĖS PADAŽAS

TURINYS

½ litro bešamelio (žr. skyrių „Sultiniai ir padažai")

200 cl grietinėlės

½ citrinos sulčių

APDOROJIMAS

Išvirkite bešamelį ir supilkite grietinėlę. Virkite, kol gausis apie 400 cl padažo.

Nukėlus nuo ugnies supilame citrinos sultis.

APVALAS

Idealiai tinka gratinui gaminti, žuviai ir įdarytiems kiaušiniams pagardinti.

majonezas majonezas

TURINYS

2 kiaušiniai

½ citrinos sulčių

½ litro šviesaus alyvuogių aliejaus

Druskos ir pipirų

APDOROJIMAS

Į maišytuvą įmuškite kiaušinius ir citrinos sultis.

Plakite mikseriu 5, palaipsniui, nenustodami plakti, pilkite aliejų. Pabarstykite druska ir pipirais.

APVALAS

Į trintuvo stiklinę kartu su kitais ingredientais įpilkite 1 valgomąjį šaukštą karšto vandens, kad trynimo metu ji nesusipjaustytų.

JOGURTŲ IR KRAPŲ PADAŽAS

TURINYS

20 g svogūnų

75 ml majonezo padažo (žr. skyrių apie sultinius ir padažus)

1 valgomasis šaukštas medaus

2 jogurtai

Krapai

druskos

APDOROJIMAS

Sumaišykite visus ingredientus, išskyrus krapus, kol gausite vientisą padažą.

Smulkiai supjaustykite krapus ir suberkite į padažą. Pašalinkite druską ir ištiesinkite.

APVALAS

Labai dera su keptomis bulvėmis ar aviena.

VELNIŲ PADAŽAS

TURINYS

100 g sviesto

½ litro sultinio

3 dl baltojo vyno

1 pavasario svogūnas

2 paprikos

druskos

APDOROJIMAS

Svogūną supjaustykite mažais gabalėliais ir leiskite išdžiūti aukštoje temperatūroje. Suberkite kajeno pipirus, apipilkite vynu ir tūrio perpus.

Supilkite sultinį, virkite dar 5 minutes ir pagal skonį pagardinkite druska ir prieskoniais.

Labai šaltą sviestą nukelkite nuo ugnies ir plakite šluotele, kol mišinys taps tirštas ir blizgus.

APVALAS

Šį padažą galima gaminti ir su saldžiu vynu. Rezultatas puikus.

ISPANIŠKAS PADAŽAS

TURINYS

30 g sviesto

30 g miltų

1 litras sultinio (sumažintas)

Druskos ir pipirų

APDOROJIMAS

Miltus pakepinkite svieste, kol įgaus šviesiai rudą atspalvį.

Supilkite į verdantį sultinį, nuolat maišydami. Virkite 5 minutes ir įberkite druskos ir pipirų.

APVALAS

Šis padažas yra daugelio ruošinių pagrindas. Tai yra tai, kas vadinama pagrindiniu padažu gaminant maistą.

Olandiškas padažas

TURINYS

250 g sviesto

3 kiaušinių tryniai

¼ citrinos sulčių

Druskos ir pipirų

APDOROJIMAS

Kad ištirptų sviestas.

Kiaušinių trynius išplakite bain-marie su trupučiu druskos, pipirų, citrinos sulčių ir 2 šaukštais šalto vandens, kol padvigubės.

Toliau plakant po truputį pilame lydytą sviestą. Vandens vonioje laikykite ne aukštesnę kaip 50°C temperatūrą.

APVALAS

Šis padažas puikiai tiks prie keptų bulvių su rūkyta lašiša.

ITALIŠKAS PADAŽAS

TURINYS

125 g pomidorų padažo

100 g grybų

50 g Jorko kumpio

50 g laiškinių svogūnų

45 g sviesto

125 ml ispaniško padažo (žr. skyrių Sultiniai ir padažai)

90 ml baltojo vyno

1 šakelė čiobrelių

1 rozmarino šakelė

Druskos ir pipirų

APDOROJIMAS

Smulkiai supjaustykite svogūną ir pakepinkite alyvuogių aliejuje. Kai jie suminkštės, pakelkite ugnį ir suberkite nuluptus ir nuvalytus grybus. Sudėkite susmulkintą virtą kumpį.

Įpilkite vyno ir žolelių ir leiskite visiškai sumažėti.

Įpilkite ispaniško padažo ir pomidorų padažo. Virkite 10 minučių ir įberkite druskos ir pipirų.

APVALAS

Idealiai tinka makaronams ir virtiems kiaušiniams.

MIDIJŲ PADAŽAS

TURINYS

250 g sviesto

85 ml plaktos grietinėlės

3 kiaušinių tryniai

¼ citrinos sulčių

Druskos ir pipirų

APDOROJIMAS

Kad ištirptų sviestas.

Kiaušinių trynius išplakite su trupučiu druskos, pipirų ir citrinos sulčių bain-marie. Įpilkite 2 šaukštus šalto vandens, kol jo tūris padidės dvigubai. Toliau plakdami, palaipsniui į trynius supilkite sviestą.

Prieš patiekiant, išplakite grietinėlę ir švelniais ir apgaubiančiais judesiais supilkite į ankstesnį mišinį.

APVALAS

Vandens vonioje laikykite ne aukštesnę kaip 50°C temperatūrą. Lašišos gratinas, skutimosi moliuskai, šparagai ir kt. Jis puikiai tinka

REMOULADE PADAŽAS

TURINYS

250 g majonezo padažo (žr. skyrių „Sultiniai ir padažai")

50 g marinuotų agurkų

50 g kaparėlių

10 g ančiuvių

1 arbatinis šaukštelis kapotų šviežių petražolių

APDOROJIMAS

Ančiuvius sumalkite, kol susmulkinsite grūstuvėje. Kaparėlius ir marinuotus agurkus supjaustykite labai mažais gabalėliais. Sudėkite likusius ingredientus ir išmaišykite.

APVALAS

Idealiai tinka kai kuriems velnio kiaušiniams.

BIZCAINA PADAŽAS

TURINYS

500 g svogūno

400 g šviežių pomidorų

25 g duonos

3 skiltelės česnako

4 chorizo arba ñora pipirai

cukraus (nebūtina)

alyvuogių aliejus

druskos

APDOROJIMAS

Sudrėkinkite ñoras, kad pašalintumėte mėsą.

Svogūną ir česnaką supjaustykite julieno juostelėmis ir pakepinkite 25 minutes uždengtoje keptuvėje ant vidutinės ugnies.

Sudėkite duoną ir pjaustytus vyšninius pomidorus ir toliau kepkite dar 10 minučių. Sudėkite carne de ñoras ir virkite dar 10 minučių.

Susmulkinkite ir, jei reikia, pakoreguokite druską ir cukrų.

APVALAS

Nors ir neįprastas, tai puikus padažas, kurį galima gaminti su spagečiais.

RAUDONAS PADAŽAS

TURINYS

2 skiltelės česnako

1 didelis pomidoras

1 mažas svogūnas

½ mažos raudonosios paprikos

½ mažos žaliosios paprikos

2 maišeliai kalmarų rašalo

baltas vynas

alyvuogių aliejus

druskos

APDOROJIMAS

Daržoves supjaustykite mažais gabalėliais ir palikite 30 minučių šiek tiek išdžiūti.

Suberkite trintus pomidorus ir virkite ant vidutinės-stiprios ugnies, kol susigers vanduo. Padidinkite ugnį ir įpilkite rašalo kišenių ir šiek tiek vyno. Perpjaukime per pusę.

Išmaišykite, perkoškite ir įberkite druskos.

APVALAS

Jei susmulkinus bus pridėta šiek tiek daugiau rašalo, padažas bus ryškesnis.

RYTINIS PADAŽAS

TURINYS

75 g parmezano

75 g sviesto

75 g miltų

1 litras pieno

2 kiaušinių tryniai

muskato riešutas

Druskos ir pipirų

APDOROJIMAS

Keptuvėje ištirpinkite sviestą. Suberkite miltus ir nuolat maišydami virkite ant silpnos ugnies 10 minučių.

Visą iš karto supilkite pieną ir nuolat maišydami virkite dar 20 minučių.

Kiaušinių trynius ir sūrį nukelkite nuo ugnies ir toliau maišykite. Pagardinkite druska, pipirais ir muskato riešutu.

APVALAS

Tobulas gratininis padažas. Galima naudoti bet kokio tipo sūrį.

ROMASCO PADAŽAS

TURINYS

100 g acto

80 g skrudintų migdolų

½ arbatinio šaukštelio saldžiosios paprikos

2 ar 3 prinokusių pomidorų

2 paprikos

1 nedidelis skrebučio gabalėlis

1 česnako galva

1 aitrioji paprika

250 g aukščiausios kokybės pirmojo spaudimo alyvuogių aliejaus

druskos

APDOROJIMAS

Sudrėkinkite juos šiltame vandenyje 30 minučių. Išimkite minkštimą ir palikite jį nuošalyje.

Įkaitinkite orkaitę iki 200°C ir paskrudinkite pomidorus bei česnako galvutę (pomidorams reikia apie 15–20 min., o česnakams šiek tiek mažiau).

Po virimo nuvalykite pomidorų odeles ir sėklas, po vieną išimkite česnaką. Sudėkite į maišymo dubenį su migdolais, skrebučiais, ñora mėsa, aliejumi ir actu. Gerai sumuškite.

Tada suberkite saldžiąją papriką ir žiupsnelį paprikos. Dar kartą plakite ir įberkite druskos.

APVALAS
Padažo per daug nesumalkite.

SOUBIS PADAŽAS

TURINYS

100 g sviesto

85 gr miltų

1 litras pieno

1 svogūnas

muskato riešutas

Druskos ir pipirų

APDOROJIMAS

Puode ištirpinkite sviestą ir lėtai pakepinkite griežinėliais pjaustytą svogūną 25 minutes. Suberkite miltus ir nuolat maišydami kepkite dar 10 minučių.

Supilkite pieną iš karto ir virkite dar 20 minučių ant silpnos ugnies nuolat maišydami. Pagardinkite druska, pipirais ir muskato riešutu.

APVALAS

Jis gali būti patiekiamas toks, koks yra arba tyrė. Puikiai tinka cannelloni.

TARTAR PADAŽAS

TURINYS

250 g majonezo padažo (žr. skyrių „Sultiniai ir padažai")

20 g laiškinių svogūnų

1 valgomasis šaukštas kaparėlių

1 valgomasis šaukštas šviežių petražolių

1 valgomasis šaukštas garstyčių

1 marinuotas agurkas

1 virtas kiaušinis

druskos

APDOROJIMAS

Smulkiai supjaustykite laiškinius česnakus, kaparėlius, petražoles, agurką ir virtą kiaušinį.

Viską sumaišykite ir sudėkite majonezą ir garstyčias. Įdėkite žiupsnelį druskos.

APVALAS

Dera su žuvimi ir rūkyta mėsa.

KARAMELĖS PADAŽAS

TURINYS

150 gr) Cukrus

70 g sviesto

300 ml grietinėlės

APDOROJIMAS

Karamelę pasigaminkite nemaišydami jos su sviestu ir cukrumi.

Kai karamelė iškeps, nukelkite nuo ugnies ir supilkite grietinėlę. Virkite 2 minutes ant stiprios ugnies.

APVALAS

Karamelę galima pasaldinti įdėjus 1 rozmarino šakelę.

PUODAI

TURINYS

250 g morkų

250 g porų

250 g pomidorų

150 g svogūno

150 g ropės

100 g salierų

druskos

APDOROJIMAS

Daržoves gerai nuplaukite ir supjaustykite įprastais gabalėliais. Įdėkite jį į puodą ir užpilkite šaltu vandeniu.

Virkite ant silpnos ugnies 2 valandas. Nukoškite ir įberkite druskos.

APVALAS

Iš panaudotų daržovių galima pasigaminti gerą kremą. Visada gaminkite be dangčio, todėl skoniai geriau susikoncentruoja, kai vanduo išgaruoja.

AKSOMINIS PADAŽAS

TURINYS

35 g sviesto

35 g miltų

½ litro sultinio (žuvies, mėsos, paukštienos ir kt.)

druskos

APDOROJIMAS

Miltus lengvai pakepinkite svieste 5 minutes.

Iš karto supilkite sultinį ir virkite ant vidutinės ugnies nuolat maišydami. Įdėkite žiupsnelį druskos.

APVALAS

Tai yra daugelio kitų padažų pagrindas.

padažo padažas

TURINYS

4 šaukštai acto

1 mažas svogūnas

1 didelis pomidoras

½ raudonųjų pipirų

½ žaliųjų pipirų

12 šaukštų alyvuogių aliejaus

druskos

APDOROJIMAS

Pomidorus, papriką ir svogūną supjaustykite labai mažais gabalėliais.

Viską sumaišykite ir įpilkite aliejaus, acto ir druskos.

APVALAS

Idealiai tinka midijų ar tuno bulvyčių padažams.

RAUDONI VAISIAI MĖTINIAME SALDAME VYNE

TURINYS

550 g raudonų uogų

50 g cukraus

2 dl saldaus vyno

5 mėtų lapeliai

APDOROJIMAS

Puode 20 minučių virkite raudonąsias uogas, cukrų, saldų vyną ir mėtų lapelius.

Atvėsinkite tame pačiame dubenyje ir patiekite atskiruose dubenėliuose.

APVALAS

Patiekite su grūstais ledais ir keliais šokoladiniais sausainiais.

APVALAS

Šaltas maistas yra geresnis. Prieš gamindami ant viršaus uždėkite keletą cukatų. Rezultatas puikus.

VIŠTĖS VIŠTĖS VIŠTĖS

TURINYS

12 vištienos kojų

200 ml grietinėlės

150 ml viskio

100 ml vištienos sultinio

3 kiaušinių tryniai

1 pavasario svogūnas

įprasti miltai

alyvuogių aliejus

Druskos ir pipirų

APDOROJIMAS

Pagardinkite, miltais ir apkepkite vištienos šlauneles. Pašalinti ir rezervuoti.

Tame pačiame aliejuje 5 minutes pakepinkite smulkiai supjaustytą svogūną. Įpilkite viskį ir flambiruokite (uždarę dangtį). Supilkite grietinėlę ir vandenį. Sudėkite vištieną atgal ir virkite ant silpnos ugnies 20 minučių.

Nukelkite nuo ugnies, supilkite kiaušinio trynį ir atsargiai išmaišykite, kad padažas šiek tiek sutirštėtų. Jei reikia, įberkite druskos ir pipirų.

APVALAS

Viskį galima pakeisti mūsų mėgstamu alkoholiniu gėrimu.

KEPTA ANTIS

TURINYS

1 švari antis

1 litras vištienos sultinio

4 dl sojos padažo

3 šaukštai medaus

2 skiltelės česnako

1 mažas svogūnas

1 raudona paprika

šviežio imbiero

alyvuogių aliejus

Druskos ir pipirų

APDOROJIMAS

Dubenyje sumaišykite vištienos sultinį, sojų pupeles, tarkuotą česnaką, kajeno pipirus ir smulkiai pjaustytą svogūną, medų, gabalėlį tarkuoto imbiero ir pipirų. Šiame mišinyje antį marinuoti 1 val.

Išimkite iš marinato ir padėkite ant kepimo skardos su puse marinato. Kepkite abi puses po 10 minučių 200°C. Nuolat drėkinkite šepetėliu.

Sumažinkite orkaitę iki 180 ºC ir kepkite kiekvieną pusę dar po 18 minučių (tęskite dažymą teptuku kas 5 minutes).

Išimkite antį ir atidėkite į šalį ir leiskite padažui sumažėti per pusę puode ant vidutinės ugnies.

APVALAS

Vištienos krūtinėles pirmiausia apkepkite puse žemyn, taip jos bus mažiau sausos ir vandeningos.

VILLAROY VIŠTĖS KŪNELĖ

TURINYS

1 kilogramas vištienos krūtinėlės

2 morkos

2 saliero stiebeliai

1 svogūnas

1 poro

1 ropė

Miltai, kiaušinis ir džiūvėsėliai (užpilimui)

už bešamelį

1 litras pieno

100 g sviesto

100 g miltų

muskato riešutas

Druskos ir pipirų

APDOROJIMAS

Visas nuvalytas daržoves virkite 2 litrais (šalto) vandens 45 minutes.

Tuo tarpu paruoškite bešamelio padažą, kepdami miltus svieste 5 minutes ant vidutinės-mažos ugnies. Tada įpilkite pieno ir išmaišykite. Įberkite druskos ir muskato riešuto. Virkite ant silpnos ugnies 10 minučių nenustodami plakti.

Sultinį nukoškite ir antienos krūtinėlę (visą arba filė) virkite 15 minučių. Nusausinkite juos ir leiskite atvėsti. Krūtinėles apliekite bešamelio padažu ir laikykite šaldytuve. Kai atvės, suberkite miltus, tada kiaušinį ir galiausiai džiūvėsėlius. Kepkite aliejuje ir patiekite karštą.

APVALAS

Iš sultinio ir daržovių tyrės galite pagaminti skanų kremą.

Vištienos krūtinėlė su citrininiu garstyčių padažu

TURINYS

4 vištienos krūtinėlės

250 ml grietinėlės

3 šaukštai konjako

3 šaukštai garstyčių

1 valgomasis šaukštas miltų

2 skiltelės česnako

1 citrina

½ laiškinio svogūno

alyvuogių aliejus

Druskos ir pipirų

APDOROJIMAS

Pagardinkite įprastais gabalėliais supjaustytas krūtinėlę ir apkepkite jas su šlakeliu aliejaus. Rezervuota.

Tame pačiame aliejuje pakepinkite smulkiai supjaustytą svogūną ir česnaką. Suberkite miltus ir virkite 1 minutę. Supilkite brendį, kol išgaruos, ir supilkite grietinėlę, 3 šaukštus citrinos sulčių ir žievelės, garstyčias ir druską. Virkite padažą 5 minutes.

Sudėkite vištieną atgal ir virkite ant silpnos ugnies dar 5 minutes.

APVALAS

Prieš ištraukdami sultis citriną sutarkuokite. Taip pat galima sutaupyti pinigų su malta vištiena, o ne krūtine.

Skrudinta PINTADA SU slyvomis ir grybais

TURINYS

1 paveikslas

250 g grybų

Atneškite 200 ml

¼ litro vištienos sultinio

15 slyvų be kauliukų

1 skiltelė česnako

1 arbatinis šaukštelis miltų

alyvuogių aliejus

Druskos ir pipirų

APDOROJIMAS

Pabarstykite druska ir pipirais ir kepkite perlinę vištą su džiovintomis slyvomis 175 ºC temperatūroje 40 minučių. Įpusėjus kepimui apverskite. Pasibaigus laikotarpiui, išpilkite vandenį ir laikykite jį.

2 šaukštus aliejaus ir miltų pakepinkite keptuvėje 1 minutę. Apšlakstykite vynu ir sumažinkite per pusę. Ant jo užpilkite padažą nuo kepsnio ir sultinį. Virkite nemaišydami 5 minutes.

Atskiroje vietoje apkepkite grybus su trupučiu malto česnako, suberkite į padažą ir užvirkite. Patiekite su perlinių vištų padažu.

APVALAS

Ypatingomis progomis perlines vištas galite papuošti obuoliais, foie gras, malta mėsa ir džiovintais vaisiais.

 AVES

VIŠTA VIŠTA VILLAROY, TAČIAU UŽDARYTA MODENA ACTU IR KAREMELIZUOTA PICULO

TURINYS

4 vištienos krūtinėlės filė

100 g sviesto

100 g miltų

1 litras pieno

1 dėžutė piquillo pipirų

1 puodelis modenos acto

½ puodelio cukraus

muskato riešutas

Kiaušinis ir džiūvėsėliai (aptepimui)

alyvuogių aliejus

Druskos ir pipirų

APDOROJIMAS

Sviestą ir miltus pakepinkite ant silpnos ugnies 10 minučių. Tada supilkite pieną ir nuolat maišydami virkite 20 minučių. Įberkite druskos ir muskato riešuto. Leiskite jam atvėsti.

Tuo tarpu papriką karamelizuokite su actu ir cukrumi, kol actas ims tirštėti (dar tik prasideda).

Filė ir ingredientus pagardinkite pikile. Anties krūtinėles suvyniokite į skaidrią plėvelę, tarsi jos būtų labai kietos saldainės, ir virkite vandenyje 15 minučių.

Iškepus visas puses patepkite bešamelio padažu ir pamerkite į plaktą kiaušinį bei džiūvėsėlius. Kepti dideliame aliejaus kiekyje.

APVALAS

Jei bešameliui miltų nedėsite ir įdėsite kelis šaukštus kario, rezultatas bus kitoks ir labai sodrus.

Vištienos krūtinėlė, įdaryta Pancetta, grybais ir sūriu

TURINYS

4 vištienos krūtinėlės filė

100 g grybų

4 griežinėliai rūkytos šoninės

2 šaukštai garstyčių

6 šaukštai grietinėlės

1 svogūnas

1 skiltelė česnako

pjaustyto sūrio

alyvuogių aliejus

Druskos ir pipirų

APDOROJIMAS

Pagardinkite vištienos filė. Išvalykite ir supjaustykite grybus.

Apkepkite šoninę ir ant stiprios ugnies pakepinkite susmulkintus grybus su česnaku.

Papuoškite filė šonine, sūriu ir grybais ir puikiai uždenkite permatoma plėvele, tarsi desertui. Virkite verdančiame vandenyje 10 minučių. Nuimkite plėvelę ir tinklelį.

Kita vertus, pakepinkite smulkiai supjaustytą svogūną, supilkite grietinėlę ir garstyčias ir maišydami kepkite 2 minutes. padažas ant vištienos

APVALAS

Maistinė plėvelė atspari aukštai temperatūrai ir nesuteikia maistui skonio.

SALDAUS VYNAS SU slyvų vištiena

TURINYS

1 didelė vištiena

100 g slyvų be sėklų

½ litro vištienos sultinio

½ butelio saldaus vyno

1 pavasario svogūnas

2 morkos

1 skiltelė česnako

1 valgomasis šaukštas miltų

alyvuogių aliejus

Druskos ir pipirų

APDOROJIMAS

Vištienos gabalėlius apkepkite karštoje keptuvėje su aliejumi ir apkepkite. Išeikite ir rezervuokite.

Tame pačiame aliejuje pakepinkite svogūną, česnaką ir smulkiai pjaustytas morkas. Kai daržovės gerai apskrus, suberkite miltus ir kepkite dar minutę.

Pamirkykite vynuogių vynu ir padidinkite ugnį, kol beveik visiškai sumažės. Nupilkite sultinį ir vėl sudėkite vištieną bei slyvas.

Kepkite apie 15 minučių arba kol vištiena suminkštės. Išimkite vištieną ir įmaišykite padažą. Pagardinkite druska.

APVALAS

Jei į tyrinį padažą įdėsite šiek tiek šalto sviesto ir išplaksite šluotele, jis labiau sutirštės ir blizgės.

ORANŽINĖS VIŠTĖS PERTRAUKĖS SU PUSRYČIAIS

TURINYS

4 vištienos krūtinėlės

75 g anakardžių

2 stiklinės šviežių apelsinų sulčių

4 šaukštai medaus

2 šaukštai Cointreau

įprasti miltai

alyvuogių aliejus

Druskos ir pipirų

APDOROJIMAS

Krūtinėles pagardinkite prieskoniais ir miltais. Kepkite juos dideliame kiekyje aliejaus, išimkite vidų ir palikite nuošalyje.

Virkite apelsinų sultis su Cointreau ir medumi 5 minutes. Į padažą sudėkite krūtinėlę ir virkite ant silpnos ugnies 8 minutes.

Patiekite su salsa ir anakardžiais ant viršaus.

APVALAS

Kitas būdas pasigaminti gerą apelsinų padažą – pradėti nuo ne per tiršto cukraus, į kurį įdėta natūralių apelsinų sulčių.

JŪRINĖ kurapka

TURINYS

4 kurapkos

300 g svogūnų

200 g morkų

2 stiklinės baltojo vyno

1 česnako galva

1 lauro lapas

1 stiklinė acto

1 vandens stiklinė aliejaus

druskos ir 10 juodųjų pipirų

APDOROJIMAS

Kurapkas pagardinkite ir kepkite ant stiprios ugnies. Pašalinti ir rezervuoti.

Tame pačiame aliejuje apkepkite morkas ir svogūnus julienne juostelėmis. Kai daržovės suminkštės, supilkite vyną, actą, pipirus, druską, česnaką ir lauro lapą. Troškinkite 10 minučių.

Grąžinkite kurapką ir virkite ant silpnos ugnies dar 10 minučių.

APVALAS

Kad marinuota mėsa ar žuvis turėtų didžiausią skonį, geriausia leisti jiems pailsėti bent 24 valandas.

VIŠTŲ MEDŽIOTOJAS

TURINYS

1 pjaustyta vištiena

50 g griežinėliais pjaustytų grybų

½ litro vištienos sultinio

1 stiklinė baltojo vyno

4 tarkuotų pomidorų

2 morkos

2 skiltelės česnako

1 poro

½ svogūno

1 krūva žolelių (čiobrelių, rozmarinų, lauro lapų ir kt.)

alyvuogių aliejus

Druskos ir pipirų

APDOROJIMAS

Vištieną pagardinkite ir kepkite karštoje keptuvėje su šlakeliu aliejaus. Išeikite ir rezervuokite.

Tame pačiame aliejuje pakepinkite kubeliais pjaustytą morką, česnaką, porą ir svogūną. Tada sudėkite tarkuotus pomidorus. Troškinkite, kol susigers pomidorų sultys. Grąžinkite vištieną.

Atskirai pakepinkite grybus ir sudėkite į troškintuvą. Nusausinkite su taure vyno ir leiskite jam išgaruoti.

Išmirkykite sultinyje ir suberkite aromatines žoleles. Kepkite, kol vištiena suminkštės. Sūrus sezonas.

APVALAS

Šį patiekalą galima gaminti su kalakutiena ar net triušiena.

COCA COLA STILIUS VIŠTOS SPARNELAS

TURINYS

1 kilogramas vištienos sparnelių

½ litro kolos

4 šaukštai rudojo cukraus

2 šaukštai sojos padažo

1 kupinas šaukštas čiobrelių

½ citrinos

Druskos ir pipirų

APDOROJIMAS

Į puodą sudėkite Coca-Cola, cukrų, soją, čiobrelius ir ½ citrinos sultis ir virkite 2 minutes.

Sparnus perpjaukite pusiau ir pasūdykite. Jie kepami 160 ºC temperatūroje, kol įgauna šviesią spalvą. Dabar įpilkite pusę padažo ir apverskite sparnelius. Pasukite jį kas 20 minučių.

Kai padažas beveik sumažės, sudėkite kitą pusę ir toliau virkite, kol padažas sutirštės.

APVALAS

Ruošiant padažą įdėjus žiupsnelį vanilės, padidėja jo skonis ir padažui suteikiamas išskirtinis skonis.

ČESNAKINĖ VIŠTA

TURINYS

1 pjaustyta vištiena

8 skiltelės česnako

1 stiklinė baltojo vyno

1 valgomasis šaukštas miltų

1 raudona paprika

acto

alyvuogių aliejus

Druskos ir pipirų

APDOROJIMAS

Pagardinkite vištieną ir gerai apkepkite. Atidėkite į šalį ir palaukite, kol aliejus atvės.

Česnaką supjaustykite kubeliais, o česnaką ir aitriąją papriką išspauskite nedažydami (virti aliejuje, nekepti).

Pamirkykite vyne ir sumažinkite, kol pasieks tam tikrą tirštumą, bet jis nebus sausas.

Tada po truputį dėkite vištieną ir šaukštelį miltų. Išmaišykite (patikrinkite, ar česnakas limpa prie vištienos, jei ne, įberkite šiek tiek miltų, kol lengvai sulips).

Uždenkite ir retkarčiais pamaišykite. Virkite ant mažos ugnies 20 minučių. Užpilkite šiek tiek acto ir virkite dar minutę.

APVALAS

Kepta vištiena yra būtina. Jis turi būti auksinis iš išorės ir labai šiltas viduje, kad išliktų sultingas.

VIŠTĖS BERNIUKAS

TURINYS

1 nedidelė vištiena, malta

350 g malto serano kumpio

1 dėžutė 800 g nuluptų pomidorų

1 didelė raudonoji paprika

1 didelė žalioji paprika

1 didelis svogūnas

2 skiltelės česnako

raudonėlis

1 stiklinė baltojo arba raudonojo vyno

cukraus

alyvuogių aliejus

Druskos ir pipirų

APDOROJIMAS

Pagardinkite vištieną ir kepkite ant stiprios ugnies. Išeikite ir rezervuokite.

Tame pačiame aliejuje pakepinkite vidutinio dydžio pjaustytas paprikas, česnaką ir svogūną. Kai daržovės paruduos, suberkite kumpį ir kepkite dar 10 min.

Sudėkite vištieną atgal ir užpilkite vynu. Sumažinkite ugnį 5 minutes ir sudėkite pomidorus bei čiobrelius. Sumažinkite ugnį ir virkite dar 30 minučių. Sureguliuokite druską ir cukrų.

APVALAS

Tą patį receptą galima gaminti su kotletais. Nieko neliks lėkštėje!

MARINUOTA SU PUPEPELIAIS IR RAUDONAIS VAISIAIS

TURINYS

4 putpelių

150 g raudonų vaisių

1 stiklinė acto

2 stiklinės baltojo vyno

1 morka

1 poro

1 skiltelė česnako

1 lauro lapas

įprasti miltai

1 vandens stiklinė aliejaus

Druskos ir pipirų

APDOROJIMAS

Pabarstykite putpeles miltais, pagardinkite ir apkepkite keptuvėje. Išeikite ir rezervuokite.

Tame pačiame aliejuje pakepinkite kubeliais pjaustytas morkas ir porus bei susmulkintą česnaką. Kai daržovės suminkštės, įpilkite aliejaus, acto ir vyno.

Įdėkite lauro lapą ir pipirus. Įberkite druskos ir virkite su raudonomis uogomis 10 minučių.

Sudėkite putpeles ir virkite dar 10 minučių, kol suminkštės. Uždenkite, nukelkite nuo viryklės.

APVALAS

Šis marinatas su putpelių mėsa lydi nuostabų salotų padažą ir gerą salotų salotų širdį.

CITRININĖ VIŠTA

TURINYS

1 vištiena

30 g cukraus

25 g sviesto

1 litras vištienos sultinio

1 dl baltojo vyno

3 citrinų sultys

1 svogūnas

1 poro

alyvuogių aliejus

Druskos ir pipirų

APDOROJIMAS

Vištieną supjaustykite ir pagardinkite. Paskrudinkite ant stiprios ugnies ir išimkite.

Svogūną nulupkite ir porą, supjaustykite julieno juostelėmis. Daržoves pakepinkite aliejuje, kuriame buvo gaminama vištiena. Apšlakstykite vynu ir leiskite sumažėti.

Įpilkite citrinos sulčių, cukraus ir vandens. Virkite 5 minutes ir grąžinkite vištieną. Virkite ant silpnos ugnies dar 30 minučių. Pabarstykite druska ir pipirais.

APVALAS

Geriau sutrinkite, kad padažas būtų plonesnis ir jame nebūtų daržovių gabalėlių.

SERRANO JAMMON, CASAR MAkaronai IR SAN JACOBO VIŠTA SU RAKETA

TURINYS

8 plonos vištienos filė

150 g Casar pyrago

100 g raketa

4 serrano kumpio griežinėliai

Miltai, kiaušiniai ir grūdai (užpilimui)

alyvuogių aliejus

Druskos ir pipirų

APDOROJIMAS

Vištienos filė pagardinkite ir aptepkite sūriu. Ant vieno uždėkite rukolą ir serrano kumpį, o kitą uždėkite ant viršaus. Tą patį padarykite su likusiais.

Perpilkite juos per miltus, kiaušinienę ir susmulkintus grūdus. Giliai kepti įkaitintame aliejuje 3 minutes.

APVALAS

Susmulkintus spragėsius galima padengti kiko ar net kirmėlėmis. Rezultatas yra linksmas.

ORKAITĖS KARIO VIŠTA

TURINYS

4 vištienos šlaunelės (vienam asmeniui)

1 litras grietinėlės

1 svogūnas arba svogūnas

2 šaukštai kario

4 natūralūs jogurtai

druskos

APDOROJIMAS

Svogūną supjaustykite mažais gabalėliais ir dubenyje sumaišykite su jogurtu, grietinėle ir kariu. Sūrus sezonas.

Vištienoje padarykite keletą pjūvių ir 24 valandas marinuokite jogurtiniame padaže.

Kepkite 180°C 90 minučių, vištieną išimkite ir patiekite su plaktu padažu.

APVALAS

Jei turite padažo likučių, galite iš jo pagaminti skanius kotletus.

VIŠTA RAUDONOJE VYNE

TURINYS

1 pjaustyta vištiena

½ litro raudonojo vyno

1 rozmarino šakelė

1 šakelė čiobrelių

2 skiltelės česnako

2 porai

1 raudona paprika

1 morka

1 svogūnas

vištienos sultinys

įprasti miltai

alyvuogių aliejus

Druskos ir pipirų

APDOROJIMAS

Vištieną pagardinkite ir kepkite labai karštoje keptuvėje. Išeikite ir rezervuokite.

Daržoves supjaustykite mažais gabalėliais ir apkepkite tame pačiame aliejuje, kuriame buvo kepama vištiena.

Išmirkykite vyne, suberkite aromatines žoleles ir virkite ant stiprios ugnies apie 10 minučių, kol sutirštės. Sudėkite vištieną atgal ir supilkite sultinį, kol uždengs. Kepkite dar 20 minučių arba kol mėsa suminkštės.

APVALAS

Jei norite plonesnio padažo be dalelių, sutrinkite ir perkoškite.

JUODOJI ALUS KERPINTA VIŠTA

TURINYS

4 vištienos kojos

750 ml tamsaus alaus

1 valgomasis šaukštas kmynų

1 šakelė čiobrelių

1 rozmarino šakelė

2 svogūnai

3 skiltelės česnako

1 morka

Druskos ir pipirų

APDOROJIMAS

Susmulkinkite svogūną, morką ir česnaką julienne. Į keptuvės dugną sudėkite čiobrelius ir rozmarinus, ant jų išdėliokite svogūnus, morkas ir česnakus; tada vištienos kojeles, oda žemyn, paskaninti žiupsneliu kmynų. Kepkite apie 45 minutes 175 ºC temperatūroje.

Po 30 minučių pamirkykite alų, apverskite dugną ir kepkite dar 45 minutes. Kai vištiena apskrus, nukelkite nuo ugnies ir sumaišykite padažą.

APVALAS

Skonis dar geresnis, jei į kepsnio vidurį kartu su likusiu padažu įdedama 2 griežinėliais supjaustyti ir sutrinti obuoliai.

šokoladinė kurapka

TURINYS

4 kurapkos

½ litro vištienos sultinio

½ stiklinės raudonojo vyno

1 rozmarino šakelė

1 šakelė čiobrelių

1 pavasario svogūnas

1 morka

1 skiltelė česnako

1 tarkuotas pomidoras

Šokoladas

alyvuogių aliejus

Druskos ir pipirų

APDOROJIMAS

Pagardinkite ir apkepkite kurapkas. Rezervuota.

Tame pačiame aliejuje ant vidutinės ugnies pakepinkite smulkiai pjaustytas morkas, česnaką ir svogūnus. Įjunkite ugnį ir sudėkite pomidorą. Virkite, kol neteks vandens. Apšlakstykite vynu ir leiskite beveik visiškai nuslūgti.

Išmirkykite sultinyje ir suberkite aromatines žoleles. Virkite ant silpnos ugnies, kol kurapkos suminkštės. Sūrus sezonas. Nukelkite nuo ugnies ir pagal skonį įpilkite šokolado. Atskirti.

APVALAS

Galite įberti aitriosios paprikos, kad patiekalas būtų aštraus oro, arba, jei norite, kad jis būtų traškus, galite pridėti skrudintų lazdyno riešutų ar migdolų.

KETURI KULNIAI KETURI SU RAUDONŲ VAISIŲ PADAŽU

TURINYS

4 kalakuto šlaunelės

250 g raudonų vaisių

½ litro cava

1 šakelė čiobrelių

1 rozmarino šakelė

3 skiltelės česnako

2 porai

1 morka

alyvuogių aliejus

Druskos ir pipirų

APDOROJIMAS

Porą, morką ir česnaką nulupkite ir nulupkite. Išdėkite šią daržovę ant kepimo skardos su čiobreliais, rozmarinais ir raudonomis uogomis.

Sudėkite kalakuto ketvirčius, apšlakstytus trupučiu aliejaus, odele žemyn. Kepkite 1 valandą 175 laipsnių temperatūroje.

Po 30 minučių išsimaudykite su kava. Apverskite mėsą ir kepkite dar 45 minutes. Pasibaigus laikui, išimkite jį iš keptuvės. Išmaišykite, perkoškite ir į padažą įberkite druskos.

APVALAS

Kalakutiena daroma tada, kai koja ir šlaunys lengvai atskiriamos.

KEPTINTA VIŠTA SU PERSIKO PADAŽU

TURINYS

4 vištienos kojos

½ litro baltojo vyno

1 šakelė čiobrelių

1 rozmarino šakelė

3 skiltelės česnako

2 persikai

2 svogūnai

1 morka

alyvuogių aliejus

Druskos ir pipirų

APDOROJIMAS

Susmulkinkite svogūną, morką ir česnaką julienne. Persikus nulupkite, perpjaukite pusiau ir išimkite kaulus.

Ant kepimo skardos dugno sudėkite čiobrelius ir rozmarinus, taip pat morkas, svogūnus ir česnakus. Pagardinkite ketvirčius aliejaus šlakeliu aliejaus, dėkite pluta žemyn ir kepkite 175°C apie 45 minutes.

Po 30 minučių užpilkite baltuoju vynu, apverskite ir kepkite dar 45 minutes. Kai vištiena apskrus, nukelkite nuo ugnies ir sumaišykite padažą.

APVALAS

Į kepsnį galima dėti obuolių ar kriaušių. Padažas bus skanus.

Vištienos filė įdaryta špinatais ir mocarela

TURINYS

8 plonos vištienos filė

200 g šviežių špinatų

150 g mocarelos

8 baziliko lapeliai

1 arbatinis šaukštelis maltų kmynų

Miltai, kiaušinis ir džiūvėsėliai (užpilimui)

alyvuogių aliejus

Druskos ir pipirų

APDOROJIMAS

Pagardinkite krūtinėlę iš abiejų pusių. Papuoškite špinatais, tarkuotu sūriu ir smulkintu baziliku ir uždenkite kita filė. Supilkite miltus, išplaktą kiaušinį ir džiūvėsėlius bei kmynų mišinį.

Apkepkite iš abiejų pusių po kelias minutes ir pašalinkite aliejaus perteklių ant sugeriančio popieriaus.

APVALAS

Puikus priedas – geras pomidorų padažas. Šis patiekalas gali būti pagamintas iš kalakutienos ar net šviežios filė.

CAVA KEPTINTA VIŠTA

TURINYS

4 vištienos kojos

1 butelis putojančio vyno

1 šakelė čiobrelių

1 rozmarino šakelė

3 skiltelės česnako

2 svogūnai

alyvuogių aliejus

Druskos ir pipirų

APDOROJIMAS

Susmulkinkite svogūną ir česnaką julienne. Ant kepimo skardos dugno sudėkite čiobrelius ir rozmarinus, odele į apačią sudėkite svogūną, česnaką ir pagardintas užpakalines kojeles. Kepkite apie 45 minutes 175 ºC temperatūroje.

Po 30 minučių nuvarvinkite kavą, apverskite ir kepkite dar 45 minutes. Kai vištiena apskrus, nukelkite nuo ugnies ir sumaišykite padažą.

APVALAS

Kitas to paties recepto variantas – gaminti su lambrusko arba passito vynu.

Vištienos iešmeliai su žemės riešutų padažu

TURINYS

600 g vištienos krūtinėlės

150 g žemės riešutų

500 ml vištienos sultinio

200 ml grietinėlės

3 šaukštai sojos padažo

3 šaukštai medaus

1 šaukštas kario

1 smulkiai pjaustytos aitriosios paprikos

1 valgomasis šaukštas citrinos sulčių

alyvuogių aliejus

Druskos ir pipirų

APDOROJIMAS

Žemės riešutus labai gerai sumalkite, kol jie taps pasta. Dubenyje sumaišykite citrinos sultis, sultinį, soją, medų, karį, druską ir pipirus. Supjaustykite krūtinėlę gabalėliais ir marinuokite šiame mišinyje per naktį.

Išimkite viščiukus ir sudėkite ant iešmelių. Virkite ankstesnį mišinį su grietinėle ant silpnos ugnies 10 minučių.

Keptuvėje ant vidutinės ugnies apkepkite iešmelius ir patiekite su padažu.

APVALAS

Galite pagaminti iš vištienos šlaunelių. Tačiau užuot kepę keptuvėje, paskrudinkite orkaitėje su padažu.

VIŠTA PEPITORIJA

TURINYS

1½ svaro vištienos

250 g svogūnų

50 g skrudintų migdolų

25 g skrudintos duonos

½ litro vištienos sultinio

¼ litro puikaus vyno

2 skiltelės česnako

2 lauro lapai

2 virti kiaušiniai

1 valgomasis šaukštas miltų

14 šafrano siūlų

150 g alyvuogių aliejaus

Druskos ir pipirų

APDOROJIMAS

Susmulkintą vištieną supjaustykite ir pagardinkite. Ruda ir atsarginė.

Svogūną ir česnaką supjaustykite nedideliais gabalėliais ir pakepinkite tame pačiame aliejuje, kuriame kepė vištiena. Suberkite miltus ir troškinkite ant silpnos ugnies 5 minutes. Apšlakstykite vynu ir leiskite sumažėti.

Supilkite sūrymą ir virkite dar 15 minučių. Tada sudėkite vištieną su lauro lapeliu ir kepkite, kol vištienos suminkštės.

Atskirai paskrudinkite šafraną ir sudėkite į skiedinį kartu su skrebučiais, migdolais ir kiaušinio tryniu. Sutrinkite ir sudėkite į vištienos troškinį. Virkite dar 5 minutes.

APVALAS

Prie šio recepto nėra geresnio priedo nei geri ryžiai. Galima patiekti su smulkintu kiaušinio baltymu ir šiek tiek smulkiai pjaustytų petražolių ant viršaus.

ORANŽINĖ VIŠTA

TURINYS

1 vištiena

25 g sviesto

1 litras vištienos sultinio

1 dl rožinio vyno

2 šaukštai medaus

1 šakelė čiobrelių

2 morkos

2 apelsinai

2 porai

alyvuogių aliejus

Druskos ir pipirų

APDOROJIMAS

Pagardinkite vištieną ir kepkite ant stiprios ugnies alyvuogių aliejuje. Pašalinti ir rezervuoti.

Morkas ir porus nulupkite ir supjaustykite julienne juostelėmis. Vištieną apkepkite aliejuje, kuriame ją kepsite. Apšlakstykite vynu ir virkite ant stiprios ugnies, kol sutirštės.

Įpilkite apelsinų sulčių, medaus ir vandens. Virkite 5 minutes ir vėl sudėkite vištienos gabalėlius. Virkite ant silpnos ugnies 30 minučių. Įpilkite šalto sviesto ir pagardinkite druska bei pipirais.

APVALAS

Galite praleisti gerą saują graikinių riešutų ir įdėti juos į troškintuvą baigiant virti.

PORCINI VIŠTA RUBI

TURINYS

1 vištiena

200 g serrano kumpio

200 g baltųjų grybų

50 g sviesto

600 ml vištienos sultinio

1 stiklinė baltojo vyno

1 šakelė čiobrelių

1 skiltelė česnako

1 morka

1 svogūnas

1 pomidoras

alyvuogių aliejus

Druskos ir pipirų

APDOROJIMAS

Vištieną supjaustykite, pagardinkite ir pakepinkite svieste bei trupučiu aliejaus. Pašalinti ir rezervuoti.

Tame pačiame aliejuje pakepinkite smulkiais gabalėliais supjaustytą svogūną, morką ir česnaką bei kubeliais pjaustytą kumpį. Pakelkite ugnį ir suberkite susmulkintus kiaulienos grybus. Virkite 2 minutes, suberkite trintus pomidorus ir virkite, kol vanduo visiškai susigers.

Vėl sudėkite vištienos gabalėlius ir užpilkite vynu. Sumažinkite, kol padažas beveik išdžius. Sudrėkinkite sultiniu ir suberkite čiobrelius. Virkite ant mažos ugnies 25 minutes arba kol vištiena suminkštės. Sūrus sezonas.

APVALAS

Naudokite sezoninius arba džiovintus grybus.

VIŠTIENOS SUTEIS SU LAZDYNO RIEŠUTAIS IR sojų pupelėmis

TURINYS

3 vištienos krūtinėlės

70 g razinų

30 g migdolų

30 g anakardžių

30 g graikinių riešutų

30 g lazdyno riešutų

1 stiklinė vištienos sultinio

3 šaukštai sojos padažo

2 skiltelės česnako

1 raudona paprika

1 citrina

Imbieras

alyvuogių aliejus

Druskos ir pipirų

APDOROJIMAS

Susmulkinkite antienos krūtinėlę, pagardinkite druska, pipirais ir apkepkite keptuvėje ant stiprios ugnies. Pašalinti ir rezervuoti.

Šiame aliejuje apkepkite graikinius riešutus su tarkuotu česnaku, tarkuoto imbiero gabalėliu, aitriąja paprika ir citrinos žievele.

Sudėkite razinas, rezervuotą vištienos krūtinėlę ir sojų pupeles. Sumažinkite 1 minutę ir užpilkite sultiniu. Virkite dar 6 minutes ant vidutinės ugnies ir, jei reikia, įberkite druskos.

APVALAS

Druskos nereikės, nes ji beveik visa gaunama iš sojų pupelių.

KEPTINTA MIGDOLŲ ŠOKOLADINĖ VIŠTA

TURINYS

1 vištiena

60 g tarkuoto juodojo šokolado

1 taurė raudonojo vyno

1 šakelė čiobrelių

1 rozmarino šakelė

1 lauro lapas

2 morkos

2 skiltelės česnako

1 svogūnas

Vištienos sultinys (arba vanduo)

skrudintų migdolų

pirmo spaudimo alyvuogių aliejus

Druskos ir pipirų

APDOROJIMAS

Vištieną supjaustykite, pagardinkite ir apkepkite labai karštoje keptuvėje. Pašalinti ir rezervuoti.

Tame pačiame aliejuje ant silpnos ugnies pakepinkite svogūną, morką ir česnako skiltelę, susmulkintą smulkiais gabalėliais.

Įdėkite lauro lapą ir čiobrelių bei rozmarinų šakeles. Įpilkite vyno ir sultinio ir troškinkite 40 minučių ant silpnos ugnies. Vištieną pasūdykite ir išimkite.

Supilkite padažą per maišytuvą ir grąžinkite į puodą. Sudėkite vištieną ir šokoladą ir maišykite, kol šokoladas ištirps. Virkite dar 5 minutes, kad susimaišytų skoniai.

APVALAS

Ant viršaus išdėliokite kepintus migdolus. Įdėjus kajeno pipirų arba kajeno pipirų, jis įgauna pikantiškumo.

ĖVIENOS SKYS SU RAUDONŲJŲ PIRINKŲ GARSTYČIŲ PADAŽU

TURINYS

350 g avienos

2 šaukštai acto

1 kupinas šaukštas paprikos

1 kupinas šaukštas garstyčių

1 lygio šaukštas cukraus

1 krepšelis vyšninių pomidorų

1 žalioji paprika

1 raudona paprika

1 mažas svogūnas

1 svogūnas

5 šaukštai alyvuogių aliejaus

Druskos ir pipirų

APDOROJIMAS

Daržoves, išskyrus laiškinius svogūnus, nulupkite ir supjaustykite vidutinio dydžio kvadratėliais. Avieną supjaustykite tokio pat dydžio kubeliais. Surinkite iešmelius, pakaitomis po vieną mėsos gabalą ir vieną daržovių gabalėlį. Sezonas. Labai karštoje keptuvėje su trupučiu aliejaus apkepkite iš abiejų pusių po 1 ar 2 minutes.

Kitoje pusėje dubenyje sumaišykite garstyčias, raudonąją papriką, cukrų, aliejų, actą ir susmulkintą svogūną. Pagardinkite druska ir emulsuokite.

Patiekite šviežiai paruoštus kebabus su raudonųjų pipirų padažu.

APVALAS

Taip pat į salotų padažą galite įdėti 1 valgomąjį šaukštą kario ir šiek tiek citrinos žievelės.

PORT FULL JAUTIENOS MŪŠIS

TURINYS

1 kg veršienos pelekai (knyga įdarui)

350 g maltos mėsos

1 kilogramas morkų

1 kilogramas svogūnų

100 g pušies riešutų

1 nedidelė skardinė piquilio pipirų

1 dėžutė juodųjų alyvuogių

1 pakelis šoninės

1 česnako galva

2 lauro lapai

atneša

Mėsos vanduo

alyvuogių aliejus

Druskos ir pipirų

APDOROJIMAS

Pagardinkite peleką iš abiejų pusių. Papuoškite kiauliena, pušies riešutais, kapotomis paprikomis, ketvirčiais supjaustytomis alyvuogėmis ir šoninės griežinėliais. Surinkite ir uždėkite siūlę arba suriškite kamanos viela. Troškinkite ant labai stiprios ugnies, išimkite ir atidėkite.

Morkas, svogūnus ir česnakus apverskite brunoze ir apkepkite tame pačiame aliejuje, kuriame buvo kepama veršiena. Pakeiskite peleką. Pamirkykite portveino vyne ir sultinyje, kol viskas pasidengs. Įdėkite 8 juodųjų pipirų žirnelius ir lauro lapus. Virkite 40 minučių ant silpnos ugnies uždengę dangtį. Pasukite jį kas 10 minučių. Kai mėsa suminkštės, nuimkite padažą ir išmaišykite.

APVALAS

Portą galima pakeisti bet kokiu kitu vynu ar šampanu.

MADRILEYA MĖSĖS BALLAS

TURINYS

1 kg maltos mėsos

500 g maltos kiaulienos

500 g prinokusių pomidorų

150 g svogūno

100 g grybų

1 litras sultinio (arba vandens)

2 dl baltojo vyno

2 šaukštai šviežių petražolių

2 šaukštai džiūvėsėlių

1 valgomasis šaukštas miltų

3 skiltelės česnako

2 morkos

1 lauro lapas

1 kiaušinis

cukraus

alyvuogių aliejus

Druskos ir pipirų

APDOROJIMAS

Dvi mėsą sumaišykite su kapotomis petražolėmis, 2 skiltelėmis susmulkinto česnako, džiūvėsėliais, kiaušiniu, druska ir pipirais. Suformuokite rutuliukus ir apkepkite keptuvėje. Išeikite ir rezervuokite.

Tame pačiame aliejuje pakepinkite svogūną su likusiu česnaku, suberkite miltus ir pakepinkite. Sudėkite pomidorus ir kepkite dar 5 minutes. Pamirkykite vyne ir virkite dar 10 minučių. Supilkite sultinį ir toliau virkite dar 5 minutes. Sumalkite ir išlyginkite druską ir cukrų. Virkite kotletus padaže su lauro lapu 10 minučių.

Morkas ir grybus nulupkite, nulupkite ir supjaustykite atskirai. Kepkite ant silpno aliejaus 2 minutes ir sudėkite į kotletus.

APVALAS

Įdėkite 150 g susmulkintos šviežios Iberijos šoninės, kad mėsos kukulių mišinys būtų kvapnesnis. Gaminant rutuliukus geriausia per stipriai nespausti, kad jie būtų sultingesni.

ŠOKOLADINĖ JAUTIENA Skruostas

TURINYS

8 blauzdos skruostai

½ litro raudonojo vyno

6 uncijos šokolado

2 skiltelės česnako

2 pomidorai

2 porai

1 saliero stiebas

1 morka

1 svogūnas

1 rozmarino šakelė

1 šakelė čiobrelių

įprasti miltai

Sultinys (arba vanduo)

alyvuogių aliejus

Druskos ir pipirų

APDOROJIMAS

Pagardinkite ir apkepkite skruostus labai karštoje keptuvėje. Išeikite ir rezervuokite.

Susmulkinkite daržoves iki brunozės ir patroškinkite keptuvėje, kurioje buvo apkepti skruostai.

Kai daržovės suminkštės, suberkite tarkuotus vyšninius pomidorus ir virkite, kol vanduo visiškai susigers. Supilkite vyną, aromatines žoleles ir palikite 5 minutes išgaruoti. Įpilkite, kol padengs skruostus ir jautienos sultinį.

Virkite, kol skruostai suminkštės, suberkite šokoladą, išmaišykite ir pagal skonį pagardinkite druska ir pipirais.

APVALAS

Padažą galima sutrinti arba palikti su visais daržovių gabalėliais.

CONFIT BED POG TORTAS SU SALDIJU VYNO PADAŽU

TURINYS

½ kiaulės žindomos, maltos

1 taurė saldaus vyno

2 rozmarino šakelės

2 šakelės čiobrelių

4 skiltelės česnako

1 nedidelė morka

1 mažas svogūnas

1 pomidoras

saldaus alyvuogių aliejaus

lauro druskos

APDOROJIMAS

Ant kepimo skardos paskleiskite žindomą kiaulę ir iš abiejų pusių pabarstykite druska. Sudėkite susmulkintą česnaką ir žoleles. Aptepkite aliejumi ir kepkite 5 valandas 100 ºC temperatūroje. Tada leiskite atvėsti ir pašalinkite kaulą, pašalindami minkštimą ir odą.

Ant kepimo skardos padėkite pergamentinį popierių. Padalinkite kiaulieną ir ant viršaus uždėkite odelę (ji turi būti bent 2 pirštų storio). Uždėkite kitą pergamentinio popieriaus gabalėlį ir uždėkite nedidelį svorį, kad atvėstų.

Tuo tarpu paruoškite juodąjį sultinį. Kaulus ir daržoves supjaustykite vidutiniais gabalėliais. Kaulus kepkite ant grotelių 185°C temperatūroje 35 minutes, sudėkite daržoves ant šono ir kepkite dar 25 minutes. Išimkite iš orkaitės ir pamirkykite vyne. Viską sudėkite į puodą ir užpilkite šaltu vandeniu. Virkite ant labai mažos ugnies 2 valandas. Nukoškite ir vėl padėkite ant ugnies, kol mišinys šiek tiek sutirštės. Nuriebalinimas.

Pyragą padalinkite į dalis ir kepkite karštoje keptuvėje odele žemyn, kol apskrus. Kepkite 180°C temperatūroje 3 minutes.

APVALAS

Tai labai vargina, bet rezultatas nuostabus. Vienintelė gudrybė, kaip nesugadinti pabaigos – patiekti padažą vienoje mėsos pusėje, o ne ant jos.

PAŽYMĖTAS TRIUSIS

TURINYS

1 pjaustytas triušis

80 g migdolų

1 litras vištienos sultinio

400 ml išspaudų

200 ml grietinėlės

1 rozmarino šakelė

1 šakelė čiobrelių

2 svogūnai

2 skiltelės česnako

1 morka

10 šafrano siūlų

Druskos ir pipirų

APDOROJIMAS

Susmulkinkite, pagardinkite ir apkepkite triušį. Pašalinti ir rezervuoti.

Tame pačiame aliejuje pakepinkite susmulkintas morkas, svogūnus ir česnaką. Sudėkite šafraną ir migdolus ir virkite 1 minutę.

Įjunkite šilumą ir nuplaukite ant grindų. Vėl pridėkite flambe Rabbit ir apšlakstykite sultiniu. Sudėkite čiobrelių ir rozmarino šakeles.

Virkite apie 30 minučių, kol triušis suminkštės ir supilkite grietinėlę. Virkite dar 5 minutes ir sureguliuokite druskos kiekį.

APVALAS

Flambear degina alkoholį nuo spirito. Tai atlikdami įsitikinkite, kad gaubtas yra uždarytas.

PEPITORIA MĖSOS BULĖLIS SU LAZDYNO RIEŠUTŲ PADAŽU

TURINYS

750 g maltos mėsos

750 g maltos mėsos

250 g svogūnų

60 g lazdyno riešutų

25 g skrudintos duonos

½ litro vištienos sultinio

¼ litro baltojo vyno

10 šafrano siūlų

2 šaukštai šviežių petražolių

2 šaukštai džiūvėsėlių

4 skiltelės česnako

2 virti kiaušiniai

1 šviežias kiaušinis

2 lauro lapai

150 g alyvuogių aliejaus

Druskos ir pipirų

APDOROJIMAS

Dubenyje sumaišykite mėsą, kapotas petražoles, smulkintą česnaką, džiūvėsėlius, kiaušinius, druską ir pipirus. Miltus ir paskrudinkite puode ant vidutinės-stiprios ugnies. Pašalinti ir rezervuoti.

Tame pačiame aliejuje supjaustykite svogūną ir kitas 2 skilteles česnako. Apšlakstykite vynu ir leiskite sumažėti. Išmirkykite sultinyje ir virkite 15 minučių. Suberkite kotletus į padažą su lauro lapu ir kepkite dar 15 minučių.

Kita vertus, šafraną pakepinkite ir sutrinkite su skrebučiais, riešutais ir kiaušinio tryniais grūstuvėje, kol gausis vientisa tešla. Įdėkite į troškintuvą ir virkite dar 5 minutes.

APVALAS

Patiekite su smulkintu kiaušinio baltymu ir petražolėmis ant viršaus.

JAUTIENOS MĖSĖ SU JUODU ALUS

TURINYS

4 jautienos filė

125 g šitake grybų

1/3 litro tamsaus alaus

1 dl sultinio

1 dl grietinėlės

1 morka

1 pavasario svogūnas

1 pomidoras

1 šakelė čiobrelių

1 rozmarino šakelė

įprasti miltai

alyvuogių aliejus

Druskos ir pipirų

APDOROJIMAS

Filė pagardinkite ir pabarstykite miltais. Lengvai apkepkite juos keptuvėje su šlakeliu aliejaus. Išeikite ir rezervuokite.

Tame pačiame aliejuje pakepinkite susmulkintą svogūną ir morką. Kai iškeps, suberkite trintus pomidorus ir virkite, kol padažas beveik išdžius.

Sušlapinkite alų, 5 minutes leiskite alkoholiui išgaruoti ant vidutinės ugnies ir supilkite sultinį, aromatines žoleles ir filė. Kepkite 15 minučių arba kol suminkštės.

Atskirai apkepkite grybus filė ant stiprios ugnies ir sudėkite į troškintuvą. Sūrus sezonas.

APVALAS

Filė neturėtų būti perkepta, kitaip ji bus per kieta.

MADRLET TRIPES

TURINYS

1 kg švarios ryklės

2 kiaulienos pėdos

25 g miltų

1 dl acto

2 šaukštai raudonųjų pipirų

2 lauro lapai

2 svogūnai (1 susmulkinti)

1 česnako galva

1 aitrioji paprika

2 dl alyvuogių aliejaus

20 g druskos

APDOROJIMAS

Puode su šaltu vandeniu išvirkite rykštę ir kiaulienos ristūną. Kai tik pradės virti, virkite 5 minutes.

Ištuštinkite ir užpildykite švariu vandeniu. Sudėkite susmulkintą svogūną, raudonąją papriką, česnaką ir lauro lapus. Jei reikia, įpilkite tiek vandens, kad gerai apsemtų, ir troškinkite ant silpnos ugnies uždengę 4 valandas arba tol, kol kojos suminkštės.

Kai trynukas bus paruoštas, išimkite susmulkintą svogūną, lauro lapą ir aitriąją papriką. Atskirkite pėdas, išimkite kaulus ir supjaustykite trijos dydžio gabalėliais. Įdėkite jį atgal į puodą.

Atskirai pakepinkite kitą susmulkintą svogūną, suberkite raudonąją papriką ir 1 šaukštą miltų. Užvirus sudėkite į troškintuvą. Virkite 5 minutes, įberkite druskos ir, jei reikia, įpilkite tirštumo.

APVALAS

Jei šis receptas paruošiamas prieš dieną ar dvi, jis įgaus skonį. Įdėjus virtų avinžirnių, galite gauti aukščiausios klasės daržovių patiekalą.

KEPTINOS KIAULIENOS SKYRIUS SU OBUOLIAIS IR MĖTOMIS

TURINYS

800 g šviežios kiaulienos filė

500 g obuolių

60 g cukraus

1 stiklinė baltojo vyno

1 stiklinė konjako

10 mėtų lapelių

1 lauro lapas

1 didelis svogūnas

1 morka

alyvuogių aliejus

Druskos ir pipirų

APDOROJIMAS

Pagardinkite filė ir kepkite ant stiprios ugnies. Pašalinti ir rezervuoti.

Šiame aliejuje pakepinkite nuvalytus ir smulkiai pjaustytus svogūnus bei morkas. Nulupkite obuolius ir išimkite šerdis.

Viską perkelkite į kepimo skardą, pamerkite į alkoholį ir suberkite lauro lapą. Kepkite 185°C temperatūroje 90 minučių.

Išimkite obuolius ir daržoves ir sutrinkite su cukrumi ir mėtomis. Užpildykite filė ir padažą virimo skysčiu ir patiekite su obuolių kompotu.

APVALAS

Kepimo metu į keptuvę įpilkite šiek tiek vandens, kad juosmuo neišsausėtų.

Vištienos kukuliai su aviečių padažu

TURINYS

kotletams

1 kg maltos vištienos

1 litras pieno

2 šaukštai džiūvėsėlių

2 kiaušiniai

1 skiltelė česnako

šerio vynas

įprasti miltai

kapotų petražolių

alyvuogių aliejus

Druskos ir pipirų

Aviečių padažui

200 g aviečių uogienės

½ litro vištienos sultinio

1 ½ dl baltojo vyno

½ dl sojos padažo

1 pomidoras

2 morkos

1 skiltelė česnako

1 svogūnas

druskos

APDOROJIMAS

kotletams

Mėsą sumaišykite su džiūvėsėliais, pienu, kiaušiniais, smulkiai pjaustytomis česnako skiltelėmis, petražolėmis ir lašeliu vyno. Pagardinkite druska, pipirais ir palikite 15 min.

Iš mišinio suformuokite rutuliukus ir apvoliokite miltuose. Apkepkite juos aliejuje, įsitikinkite, kad viduje jie šiek tiek žali. Rezervuokite aliejų.

Saldžiarūgščiam aviečių padažui

Svogūnus, česnakus ir morkas nulupkite ir supjaustykite mažais kubeliais. Kepti tame pačiame aliejuje, kuriame buvo kepami kotletai. Pagardinkite žiupsneliu druskos. Suberkite smulkiais gabalėliais supjaustytus nuluptus ir be sėklų pomidorus ir virkite, kol išgaruos vanduo.

Apšlakstykite vynu ir virkite, kol sumažės per pusę. Supilkite sojų padažą ir sultinį ir virkite dar 20 minučių, kol padažas sutirštės. Sudėkite uogienę ir mėsos kukulius ir virkite dar 10 minučių.

APVALAS

Aviečių uogienę galima pakeisti bet kokia kita nei bet kokia raudona uoga ar net uogiene.

ĖVIENOS TROŠKINIS

TURINYS

1 ėriuko koja

1 didelė taurė raudonojo vyno

½ puodelio konservuotų pomidorų (arba 2 tarkuotų pomidorų)

1 valgomasis šaukštas saldžiosios paprikos

2 didelės bulvės

1 žalioji paprika

1 raudona paprika

1 svogūnas

Sultinys (arba vanduo)

alyvuogių aliejus

Druskos ir pipirų

APDOROJIMAS

Koją supjaustykite, pagardinkite ir apkepkite labai karštoje keptuvėje. Išeikite ir rezervuokite.

Tame pačiame aliejuje pakepinkite susmulkintus svogūnus ir paprikas. Kai daržovės gerai apskrus, įdėkite po šaukštą raudonųjų pipirų ir pomidorų. Virkite ant stiprios ugnies, kol susigers pomidorų sultys. Tada vėl pridėkite ėrieną.

Apšlakstykite vynu ir leiskite sumažėti. Uždenkite sultiniu.

Kai aviena suminkštės, suberkite kashalada bulves (nepjaustytas) ir virkite, kol bulvės visiškai iškeps. Pabarstykite druska ir pipirais.

APVALAS

Norėdami gauti dar skanesnį padažą, pakepinkite 4 pipirus ir 1 skiltelę česnako atskirai. Sumaišykite su trupučiu troškinio vandens ir supilkite į troškintuvą.

triušis civetas

TURINYS

1 triušis

250 g grybų

250 g morkų

250 g svogūnų

100 g šoninės

¼ litro raudonojo vyno

3 šaukštai pomidorų padažo

2 skiltelės česnako

2 šakelės čiobrelių

2 lauro lapai

Sultinys (arba vanduo)

alyvuogių aliejus

Druskos ir pipirų

APDOROJIMAS

Triušį supjaustykite ir palikite 24 valandoms suminkštėti nedideliais morkos, česnako ir svogūno gabalėliais, vynu, 1 čiobrelio šakele ir 1 lauro lapeliu. Pasibaigus laikui, nusausinkite ir atskirkite vyną iš vienos pusės, o daržoves – iš kitos.

Pagardinkite triušį, pakepinkite ant stiprios ugnies ir išimkite. Daržoves kepkite tame pačiame aliejuje ant vidutinės-mažos ugnies. Supilkite pomidorų padažą ir patroškinkite 3 minutes. Padėkite triušį atgal. Mirkykite vyne ir sultinyje, kol mėsa pasidengs. Įdėkite kitą čiobrelio šakelę ir kitą lauro lapą. Virkite, kol triušis suminkštės.

Tuo tarpu pakepinkite juostelėmis pjaustytą šoninę ir ketvirčiais supjaustytus grybus ir sudėkite į troškintuvą. Kita vertus, triušio kepenėles sutrinkite grūstuvėje ir supilkite. Virkite dar 10 minučių ir įberkite druskos ir pipirų.

APVALAS

Šis patiekalas gali būti gaminamas su bet kokiu žvėriena ir skanesnis, jei jis bus paruoštas dieną iš anksto.

TRIUŠIS SU PIPERRADA

TURINYS

1 triušis

2 dideli pomidorai

2 svogūnai

1 žalioji paprika

1 skiltelė česnako

cukraus

alyvuogių aliejus

Druskos ir pipirų

APDOROJIMAS

Triušį susmulkinkite, pagardinkite ir pakepinkite puode. Pašalinti ir rezervuoti.

Svogūną, pipirus ir česnaką supjaustykite mažais gabalėliais ir pakepinkite ant silpnos ugnies 15 minučių aliejuje, kuriame kepė triušiena.

Sudėkite brunoise kubeliais pjaustytus pomidorus ir virkite ant vidutinės ugnies, kol vanduo visiškai susigers. Jei reikia, pakoreguokite druską ir cukrų.

Sudėkite triušį, sumažinkite ugnį ir kepkite uždengtoje keptuvėje 15 ar 20 minučių, retkarčiais pamaišydami.

APVALAS

Į piperradą galima dėti cukinijų arba baklažanų.

Įdaryti vištienos kukuliai su sūriu kario padaže

TURINYS

500 g maltos vištienos

150 g susmulkinto sūrio

100 g džiūvėsėlių

200 ml grietinėlės

1 stiklinė vištienos sultinio

2 šaukštai kario

½ šaukšto džiūvėsėlių

30 razinų

1 žalioji paprika

1 morka

1 svogūnas

1 kiaušinis

1 citrina

Pienas

įprasti miltai

alyvuogių aliejus

druskos

APDOROJIMAS

Vištieną pagardinkite ir sumaišykite su džiūvėsėliais, kiaušiniu, 1 šaukštu kario ir piene išmirkytais džiūvėsėliais. Suformuokite rutuliukus, įpilkite sūrio kubeliu ir apvoliokite miltuose. Kepti ir rezervuoti.

Tame pačiame aliejuje pakepinkite susmulkintus svogūnus, paprikas ir morkas. Suberkite citrinos žievelę ir kepkite kelias minutes. Įpilkite kitą šaukštą kario, razinų ir vištienos sultinio. Kai pradės virti, supilkite grietinėlę ir virkite 20 minučių. Sūrus sezonas.

APVALAS

Idealus priedas prie šių kotletų yra ketvirčiais supjaustyti grybai, pakepinti su keliomis susmulkintomis česnako skiltelėmis ir nuplauti gražiu Port arba Pedro Ximénez prieskoniu.

RAUDONO VYNO PAGALVĖS

TURINYS

12 kiaulienos skruostų

½ litro raudonojo vyno

2 skiltelės česnako

2 porai

1 raudona paprika

1 morka

1 svogūnas

įprasti miltai

Sultinys (arba vanduo)

alyvuogių aliejus

Druskos ir pipirų

APDOROJIMAS

Pagardinkite ir apkepkite skruostus labai karštoje keptuvėje. Išeikite ir rezervuokite.

Daržoves susmulkinkite bronoise ir apkepkite tame pačiame aliejuje, kuriame buvo kepama kiauliena. Gerai užvirinus, pamirkykite vyne ir palikite 5 minutes išgaruoti. Įpilkite, kol padengs skruostus ir jautienos sultinį.

Virkite, kol skruostai suminkštės ir, jei norite, išmaišykite padažą, kad neliktų daržovių gabalėlių.

APVALAS

Kiaulienos skruostai virti užtrunka daug trumpiau nei jautienos skruostai. Skirtingas skonis pasiekiamas į padažą įpylus unciją šokolado.

COCHIFRITO NAVARRE

TURINYS

2 maltos avienos kojos

50 g taukų

1 arbatinis šaukštelis raudonųjų pipirų

1 valgomasis šaukštas acto

2 skiltelės česnako

1 svogūnas

alyvuogių aliejus

Druskos ir pipirų

APDOROJIMAS

Avienos kojeles supjaustykite gabalėliais. Įberkite druskos ir kepkite ant stiprios ugnies keptuvėje. Išeikite ir rezervuokite.

Tame pačiame aliejuje ant silpnos ugnies 8 minutes pakepinkite smulkiai supjaustytą svogūną ir česnaką. Suberkite raudonuosius pipirus ir patroškinkite dar 5 sekundes. Sudėkite ėrieną ir užpilkite vandeniu.

Virkite, kol padažas sumažės ir mėsa suminkštės. Sugerti actu ir užvirinti.

APVALAS

Pirmas kepsnys yra svarbus, nes jis neleidžia išbėgti sultims. Jis taip pat suteikia traškumo ir pagerina skonį.

Jautienos užkepėlė su žemės riešutų padažu

TURINYS

750 g mėsos su kaulais

250 g žemės riešutų

2 litrai sultinio

1 puodelis grietinėlės

½ stiklinės brendžio

2 šaukštai pomidorų padažo

1 šakelė čiobrelių

1 rozmarino šakelė

4 bulves

2 morkos

1 svogūnas

1 skiltelė česnako

alyvuogių aliejus

Druskos ir pipirų

APDOROJIMAS

Blauzdeles susmulkinkite, pagardinkite ir kepkite ant stiprios ugnies. Išeikite ir rezervuokite.

Tame pačiame aliejuje ant silpnos ugnies pakepinkite svogūną, česnaką ir kubeliais pjaustytas morkas. Įjunkite ugnį ir supilkite pomidorų padažą. Sumažinkime, kol neteks viso vandens. Apšlakstykite konjaku ir leiskite alkoholiui išgaruoti. Vėl sudėkite mėsą.

Žemės riešutus gerai sutrinkite su sultiniu ir suberkite į keptuvę su prieskoninėmis žolelėmis. Virkite ant silpnos ugnies, kol mėsa beveik suminkštės.

Tada sudėkite nuluptas ir įprastais kvadratėliais supjaustytas bulves ir grietinėlę. Virkite 10 minučių ir įberkite druskos ir pipirų. Prieš patiekdami leiskite pailsėti 15 minučių.

APVALAS

Šį mėsos patiekalą galima patiekti su ryžių plovu (žr. skyrių Ryžiai ir makaronai).

SUdegęs karo belaisvis

TURINYS

1 kiaulė žindoma

2 šaukštai taukų

druskos

APDOROJIMAS

Uždenkite ausis ir uodegą aliuminio folija, kad nesudegtų.

Padėkite 2 medinius šaukštus ant kepimo skardos ir padėkite paršelį veidu į viršų, neliesdami keptuvės dugno. Įpilkite 2 šaukštus vandens ir virkite 2 valandas 180 °C temperatūroje.

Druską ištirpinkite 4 dl vandens ir kas 10 minučių nudažykite paršelio vidų. Šiuo metu apverskite jį ir tęskite dažymą vandeniu ir druska, kol pasibaigs laikas.

Ištirpinkite sviestą ir nudažykite odą. Įkaitinkite orkaitę iki 200°C ir kepkite dar 30 minučių arba kol odelė taps auksinė ir traški.

APVALAS

Neleiskite vandeniui liesti odos; Dėl to jis praras traškumą. Padažą patiekite po lėkšte.

Skrudintų kopūstų vyniotinis

TURINYS

4 sąnariai

½ kopūsto

3 skiltelės česnako

alyvuogių aliejus

Druskos ir pipirų

APDOROJIMAS

Stiebus užpilkite verdančiu vandeniu ir virkite 2 valandas arba kol visiškai suminkštės.

Išimkite juos iš vandens ir kepkite su šlakeliu aliejaus 220°C temperatūroje iki auksinės spalvos. Sezonas.

Kopūstą supjaustykite plonomis juostelėmis. Virkite 15 minučių dideliu kiekiu verdančio vandens. Iškrovimas.

Tuo tarpu susmulkintą česnaką pakepinkite trupučiu aliejaus, suberkite kopūstą ir pakepinkite. Pabarstykite druska ir pipirais ir patiekite su skrudintais stiebais.

APVALAS

Kotai gali būti gaminami ir labai karštoje keptuvėje. Kepkite juos giliai iš visų pusių.

MEDŽIOTOJO TRIUSIS

TURINYS

1 triušis

300 g grybų

2 puodeliai vištienos sultinio

1 stiklinė baltojo vyno

1 šakelė šviežių čiobrelių

1 lauro lapas

2 skiltelės česnako

1 svogūnas

1 pomidoras

alyvuogių aliejus

Druskos ir pipirų

APDOROJIMAS

Triušį susmulkinkite, pagardinkite ir kepkite ant stiprios ugnies. Išeikite ir rezervuokite.

Tame pačiame aliejuje 5 minutes pakepinkite susmulkintą svogūną ir česnaką. Įjunkite ugnį ir sudėkite tarkuotus pomidorus. Virkite, kol neliks vandens.

Dar kartą pridėkite triušį ir nuplaukite vyne. Leiskite sumažėti ir padažas beveik išdžius. Supilkite sultinį ir troškinkite su aromatinėmis žolelėmis 25 minutes arba kol mėsa suminkštės.

Tuo tarpu nuvalytus ir susmulkintus grybus pakepinkite karštoje keptuvėje 2 minutes. Pagardinkite druska ir sudėkite į troškintuvą. Virkite dar 2 minutes ir, jei reikia, įberkite druskos.

APVALAS

Tą patį receptą galite gaminti ir su vištiena arba kalakutiena.

MADRILEAA VERŠIŲ ANTspaudas

TURINYS

4 jautienos filė

1 valgomasis šaukštas šviežių petražolių

2 skiltelės česnako

Miltai, kiaušinis ir džiūvėsėliai (užpilimui)

alyvuogių aliejus

Druskos ir pipirų

APDOROJIMAS

Smulkiai supjaustykite petražoles ir česnaką. Sumaišykite juos dubenyje ir suberkite džiūvėsėlius. Atskirti.

Pagardinkite filė druska ir pipirais ir pertrinkite per miltų, plaktų kiaušinių ir džiūvėsėlių bei česnako ir petražolių mišinį.

Paspauskite ranka, kad plokštės gerai priliptų, ir kepkite dideliame karštame aliejuje apie 15 sekundžių.

APVALAS

Sutrinkite filė plaktuku, kad skaidulos suirtų ir mėsa būtų minkštesnė.

GRYBŲ TRIUŠIO PADAŽAS

TURINYS

1 triušis

250 g sezoninių grybų

50 g taukų

200 g šoninės

45 g migdolų

600 ml vištienos sultinio

1 stiklinė šerio

1 morka

1 pomidoras

1 svogūnas

1 skiltelė česnako

1 šakelė čiobrelių

Druskos ir pipirų

APDOROJIMAS

Susmulkinkite ir pagardinkite triušį. Kepkite ant stiprios ugnies svieste su lazdelėmis supjaustytu šonine. Išeikite ir rezervuokite.

Tame pačiame aliejuje pakepinkite susmulkintus svogūnus, morkas ir česnaką. Sudėkite pjaustytus grybus ir kepkite 2 minutes. Sudėkite trintus pomidorus ir virkite, kol susigers vanduo.

Vėl sudėkite triušį ir šoninę ir pamirkykite vyne. Leiskite sumažėti ir padažas beveik išdžius. Sudrėkinkite sultiniu ir suberkite čiobrelius. Virkite ant silpnos ugnies 25 minutes arba tol, kol triušis suminkštės. Viršuje pabarstykite migdolais ir pagardinkite druska.

APVALAS

Galite naudoti džiovintus šitake grybus. Jie turi daug skonių ir aromatų.

IBER KELIAI BALTAJAME VYNE IR MEDUS

TURINYS

1 Iberijos kiaulienos gabalėlis

1 stiklinė baltojo vyno

2 šaukštai medaus

1 valgomasis šaukštas saldžiosios paprikos

1 valgomasis šaukštas kapotų rozmarinų

1 valgomasis šaukštas kapotų čiobrelių

1 skiltelė česnako

alyvuogių aliejus

Druskos ir pipirų

APDOROJIMAS

Į dubenį suberkite prieskonius, tarkuotą česnaką, medų ir druską. Įpilkite ½ puodelio aliejaus ir išmaišykite. Šiuo mišiniu ištepkite šonkauliukus.

Kepkite mėsą puse žemyn 30 minučių 200 ° C temperatūroje. Apverskite, supilkite vyną ir virkite dar 30 minučių arba kol šonkauliukai paruduos ir suminkštės.

APVALAS

Mėsą geriausia marinuoti dieną prieš tai, kad skoniai labiau įsigertų į šonkauliukus.

www.ingramcontent.com/pod-product-compliance
Lightning Source LLC
Chambersburg PA
CBHW050353120526
44590CB00015B/1677